AF514318

Editorial

Die Publikationsreihe *Per EduArt. Kunstpädagogische Materialien für Studium und Schule* besteht aus thematischen Einzelheften und zielt darauf ab, Reflexionsräume für und zwischen Akteur:innen der (Kunst-)Lehrer:innenbildung zu eröffnen und differenzorientiert offen zu halten. Die Reihe richtet sich vorrangig an Studierende im Lehramt, Lehrer:innen, Berufseinsteiger:innen und Mentor:innen in den künstlerisch-gestalterischen Unterrichtsfächern sowie an Lehrende und Forscher:innen an den Universitäten und Hochschulen im Kontext der Lehrer:innenbildung.

Die Autor:innen fokussieren in ihren Beiträgen verschiedene Praxen, Perspektiven, Aspekte, Befunde und Fragestellungen, die für das Handlungs- und Berufsfeld Schule relevant sind, etwa die Herausforderungen in den Phasen zwischen Studium und Berufseinstieg, die Spannungsfelder von ›Theorie und Praxis‹, das Zusammenspiel von Fachdidaktik, Kunstdidaktik und Vermittlung u.a.m.

Per EduArt erscheint sowohl in print als auch open access im Rahmen der interuniversitären Plattform künstlerisches Lehramt *EduArtMusic* am Institut für das künstlerische Lehramt an der Akademie der bildenden Künste Wien.

Grit Oelschlegel, Anna Pritz, Elisabeth Sattler
Wien 2024

Per EduArt. Kunstpädagogische Materialien
für Studium und Schule

Heft 5

Hg.:
Grit Oelschlegel
Anna Pritz
Elisabeth Sattler

2. Auflage

ISBN: 978-3-946320-54-8 (Print); 978-3-946320-49-4 (Open Access)

Margit Angerer, Melanie Hauzinger

Sexualisierte Grenzüberschreitungen von Schüler:innen gegenüber Lehrer:innen

Eine Handreichung zur Reflexion und Erweiterung von professionellen Handlungsspielräumen in der Schule.

Mit einem Vorwort von Marion Thuswald
und Zeichnungen von Sarah Fichtinger

fabrico® verlag

Abstract

Sexualisierte Adressierungen und damit einhergehende Grenzüberschreitungen von Schüler:innen werden von Lehrer:innen häufig als Herausforderung erlebt. Gesellschaftlich eher tabuisiert, existieren bisher dazu nur wenige wissenschaftliche Studien. Auch in Lehrer:innenbildung und Pädagogik ist diese Thematik bisher tabuisiert und wenig erforscht. Wie das Spektrum dieser Adressierungen gestaltet sein kann, wird in dieser Handreichung anhand gesammelter Fallbeispiele aus der Schule dargestellt, mittels derer die Autorinnen fünf Facetten sexueller Adressierungen beschreiben. Dieser Kategorisierung liegen die verschiedenen Intentionen von Schüler:innen und damit einhergehend unterschiedliche (Macht-)Dynamiken zugrunde. Während das Thematisieren von sexuellen Inhalten, erotisch aufgeladene Interaktionen sowie Anziehung und Verliebtheit als Aspekte jugendlicher Entwicklungsprozesse angesehen werden können, sind sexualisierte Adressierungen mit Beschämungsintention und sexistische Übergriffe als problematisches grenzverletzendes Verhalten einzuschätzen und bedürfen pädagogisch-professioneller Interventionen. Die Handreichung unterstützt in der Deutung von uneindeutigen Situationen und stellt professionelle Handlungsoptionen vor.

Keywords

Lehrer:innenbildung, Sexualpädagogik, Professionalisierung, sexualisierte Grenzüberschreitungen, sexuelle Gewalt, sexualisierte Adressierungen, Nähe und Distanz im Unterricht, pädagogische Beziehungen, Sexismus, Schule und Geschlecht, Lehrer:innen-Schüler:innen-Beziehung

Inhaltsverzeichnis

Vorwort von Marion Thuswald

Pädagogische Grenzverhandlungen professionalisieren

Die vorliegende Handreichung von Margit Angerer und Melanie Hauzinger greift ein wichtiges Thema auf, das im Schulalltag präsent ist, aber in der Fachliteratur bislang vernachlässigt wurde: Sexuelle Adressierungen von Schüler:innen gegenüber Lehrer:innen. Von einer wahrgenommenen Sprachlosigkeit zu dieser Thematik ausgehend machen sich die Autorinnen auf die Suche nach Begriffen, Deutungshilfen und Handlungsoptionen zu sexuell konnotierten Kommentaren, intimen Fragen und sexistischen Grenzüberschreitungen von Schüler:innen.

Wer in Schule arbeitet, erlebt, dass Sexuelles präsent ist – auch dann, wenn es nicht als Unterrichtsthema vorgesehen ist: Schüler:innen machen sexuell konnotierte Witze oder Tafelkritzeleien, flirten und knutschen am Schulhof, beziehen Lehrpersonen in Gespräche über sexuelle Themen ein, schauen in der Pause Pornos oder wenden sich mit Beratungsbedarf zu Liebeskummer, Übergriffserfahrungen oder Sexting[1] an Lehrpersonen. Schule ist für Schüler:innen sowohl ein Ort intimer Kommunikation unter Gleichaltrigen als auch ein Ort, um sich mit Erwachsenen außerhalb der Familie mit sexuellen Themen auseinanderzusetzen.

Sexualität als Entwicklungsaufgabe und peerkulturell bedeutsames Thema ist ein Feld in dem Heranwachsende sich ausprobieren, einen Umgang mit Unsicherheiten und Begehren suchen, Möglichkeiten und Grenzen austesten, dazugehören wollen, Beziehungsweisen erproben und bisweilen mit Gleichaltrigen wie auch Erwachsenen in – mehr oder weniger spielerisch-experimentierende – Konfrontation gehen. Schule kann somit auch als ein Ort zahlreicher Anlässe und Möglichkeiten für Sexuelle Bildung verstanden werden (vgl. Thuswald / Sattler 2021).

1 Zu rechtlichen Fragen rund um Jugendliche und Sexualität wie etwa zu Sexting, Pornografie, Schwangerschaftsabbruch oder Verhütung vgl. Krem / König 2021.

Der schulische Auftrag zur Sexualerziehung gilt in Österreich seit 1970 fächerübergreifend.[2] Dennoch wurde Sexualität als pädagogisches Thema in der Pädagog:innenausbildung und der erziehungswissenschaftlichen Forschung lange Zeit wenig bearbeitet. Erst die stärkere Wahrnehmung geschlechtlicher und sexueller Vielfalt und die Diskussion um sexualisierte Gewalt in pädagogischen Einrichtungen haben Fragen von Sexualität und sexueller Bildung in den letzten 15 Jahren stärker in die Aufmerksamkeit gerückt (vgl. Thuswald 2022). Unter Pädagog:innen gilt Sexualität häufig als ein wichtiges, aber heikles Thema; letzteres unter anderem, weil Sexuelles trotz medialer Präsenz mit Privatheit und Verletzbarkeit assoziiert wird und zu Schule mit ihrem öffentlichen Charakter in einem gewissen Spannungsverhältnis steht (vgl. ebd.). Gleichzeitig äußern viele Pädagog:innen den Bedarf und Wunsch nach verstärkter sexualpädagogischer Professionalisierung (vgl. Urban et al. 2022).

Die vorliegende Publikation macht darauf aufmerksam, dass sich in den Fragen, Kommentaren und Selbstinszenierungen von Schüler:innen – und nicht selten auch im sexualerzieherischen Handeln von Lehrer:innen – gesellschaftliche Differenzordnungen, Abwertungsdiskurse und Diskriminierungspraktiken spiegeln. Die Thematisierung von Sexuellem ist von (Hetero)Sexismus, Rassismus, Homo- und Transfeindlichkeit, Antisemitismus und Ableism[3] durchzogen (vgl. Debus 2021). Machtverhältnisse und Diskriminierung zum Thema zu machen, kann als eine wichtige Aufgabe Sexueller Bildung gefasst werden. Antidiskriminierungsarbeit, Gewaltprävention und lustfreundliche Sexualpädagogik schließen einander nicht aus, sondern gehören vielmehr zusammen (vgl. ebd.). Möglichkeitsräume Sexueller Bildung können dabei nicht nur im Unterricht oder in themenspezifischen Workshops mit externen Expert:innen eröffnet werden, sondern entstehen auch durch vielleicht

2 In der BRD seit 1969; in der DDR gab es entsprechende Hinweise in Gesetzen seit 1965 (vgl. BZgA 2004: 12ff.).

3 Ableism (vom englischen able-ism) meint in einem breiten Verständnis, all jene sozialen und soziotechnischen Prozesse, die Personen(gruppen) Fähigkeiten und Begabungen zuschreiben, sei es in auf- oder abwertender Weise (vgl. Buchner / Pfahl / Traue 2015). In einem engeren Verständnis wird damit die Abwertung und Diskriminierung von Menschen(gruppen) aufgrund von körperlichen, geistigen und psychischen Merkmalen bezeichnet, die zumeist als Behinderungen oder Beeinträchtigungen verstanden werden.

unscheinbar wirkende Interaktionen im Schulalltag, die die sexuelle Selbstbestimmung von Schüler:innen stärken und erfahrbar machen, dass sexuelle Themen besprechbar sind. Diskriminierungsreflektierte Sexualpädagogik kann dabei auch als ein Beitrag zur Prävention von sexualisierten Übergriffen angesehen werden (vgl. Dalhoff / Eder 2016, Henningsen / Sielert 2023).

Das Bewusstsein für sexualisierte Übergriffe und die Notwendigkeit präventiver und beratender Strukturen, wie sie von der Frauenbewegung seit den 1970er-Jahren eingefordert und aufgebaut werden, ist in den letzten Jahren gestiegen. Die öffentliche Diskussion um sexualisierte Gewalt und ihre Vertuschung in Internaten, Schulen und Kindergärten rückt pädagogische Einrichtungen als Orte sexualisierter Übergriffe, aber auch als Orte der Unterstützung von gewaltbetroffenen Kindern und Jugendlichen ins Zentrum. Zur Prävention bzw. Beendigung von Gewalt sind Angebote Sexueller Bildung für Kinder und Jugendliche ebenso wichtig wie eine sexualfreundliche und grenzachtende Organisationskultur und die dementsprechende Professionalisierung von Pädagog:innen (vgl. Kowalski 2020, Reinmann et al. 2021, Selbstlaut 2020).

Die vorliegende Handreichung ergänzt diese Bemühungen um Perspektiven auf sexuelle Adressierungen und Grenzüberschreitungen von Schüler:innen gegenüber Lehrpersonen. Sie eignet sich für die Aus-, Fort- und Weiterbildung von Pädagog:innen ebenso wie für das Mentoring von Berufseinsteiger:innen. Die Autorinnen betrachten sexuelle Adressierungen vor dem professionstheoretischen Hintergrund der Antinomie von Nähe und Distanz sowie der Machtasymmetrie, die für pädagogische Beziehungen als grundlegend gilt (vgl. Helsper / Reh 2012). Mit der Differenzierung von fünf Facetten sexualisierter Adressierungen von Schüler:innen gegenüber Lehrpersonen bietet die vorliegende Publikation eine hilfreiche Orientierung zur Deutung und zum Umgang mit sexuellen Kommentaren, intimen Fragen und grenzverletzendem Verhalten. Die Autorinnen gehen von der Beobachtung aus, dass Lehrpersonen sexuelle Adressierungen als herausfordernd und bisweilen auch überfordernd erleben und insbesondere junge Berufseinsteigerinnen damit konfrontiert sind. Vor dem Hintergrund ihrer langjährigen Erfahrung als Lehrer:innen und Mentor:innen gelingt es ihnen herauszuarbeiten, dass nicht jede als provokant wahrgenommene Äußerung von Schüler:innen als Grenzverletzung einzuordnen ist. Die Autorinnen erkennen das Erprobungsverhalten von Jugendlichen ebenso an wie das Interesse von Heranwachsenden an Sexualität. Sie betonen, dass Lehrpersonen als Repräsentant:innen der Erwachsenenwelt sowie als wichtige Bezugspersonen adressiert werden und sich hinter provokanten Äußerungen bisweilen schwer artikulierbare Anliegen von Schüler:innen verbergen können. Im Wissen um unterschiedliche Wahrnehmungen und Einschätzungen von Lehrer:innen markieren sie aber auch klar, wann und warum Aussagen und Verhaltensweisen als grenzverletzend thematisiert und bearbeitet werden sollten – zum Schutz der Lehrpersonen, aber auch als wichtige Lernerfahrung für die Schüler:innen und als Beitrag zu einer grenzachtenden und antidiskriminatorischen Schulkultur. Sie zeigen dabei auch auf, welche Rolle vergeschlechtliche Machtverhältnisse und (Hetero)Sexismus bei Grenzverletzungen spielen. Die Publikation ist von dem Anliegen getragen, Scham und Vereinzelung entgegenzuwirken und zu Austausch und kollegialer Unterstützung zu ermutigen.

Die Idee zu dieser Handreichung entstand im Rahmen von Modul 6 des Hochschullehrgangs »Mentoring: Berufseinstieg professionell begleiten«, in dem die *Universität Wien* mit der *Akademie der bildenden Künste Wien* und der *Universität für angewandte Kunst* kooperiert. Die Handreichung ist damit auch ein gelungenes Beispiel für Praxisforschung von Lehrpersonen, die ausgehend von Herausforderungen im Schulalltag ein Forschungsthema entwickeln und im Dialog mit schulischen Kolleg:innen und Wissenschaftler:innen bearbeiten. Die Ergebnisse der intensiven Arbeit, die hier veröffentlicht werden, sind sowohl für Lehrer:innen und Mentor:innen wie auch für Forscher:innen wärmstens zu empfehlen. Gut lesbar geschrieben bietet die Handreichung sowohl eine hilfreiche theoretische Einordnung als auch handlungspraktische Hinweise. Die Zeichnungen von Sarah Fichtinger ergänzen und erweitern den Text um eine visuelle Ebene. Sie machen die Inhalte nochmals auf andere Weise anschaulich und zugänglich und laden zum genauen Hinschauen, zum Reflektieren und zum Dialog ein. Möge diese handliche und digital frei zugängliche Publikation ihre Wege in zahlreiche Schulen und zu vielen Veranstaltungen der Pädagog:innenaus- und fortbildung finden!

Literatur Vorwort

Buchner, Tobias / **Pfahl**, Lisa / **Traue**, Boris (2015): Zur Kritik der Fähigkeiten: Ableism als neue Forschungsperspektive der Disability Studies und ihrer Partner_innen. In: Zeitschrift für Inklusion 2. Online unter: https://www.inklusion-online.net/index.php/inklusion-online/article/view/273 (Zugriff 2.2.2024)

Dalhoff, Maria / **Eder**, Sevil (2016): Für eine sexuelle Bildung der Unbequemlichkeiten. In: Thuswald, Marion / Sattler, Elisabeth (Hg.): teaching desires. Möglichkeitsräume sexueller Bildung im künstlerisch-gestalterischen Unterricht. Wien: Löcker, S. 83–96.

Debus, Katharina (2021): Diskriminierungsreflektierte Sexualpädagogik. In: Thuswald, Marion / Sattler, Elisabeth (Hg.): Sexualität, Körperlichkeit und Intimität. Pädagogische Herausforderungen und professionelle Handlungsspielräume in der Schule. Bielefeld: transcript, S. 69–94.

Helsper, Werner / **Reh**, Sabine (2012): Nähe, Diffusität und Asymmetrie in pädagogischen Interaktionen. Herausforderung pädagogischer Professionalität und Möglichkeitsräume sexualisierter Gewalt in der Schule. In: Thole, Werner / Baader, Meike / Helsper, Werner / Kappeler, Manfred / Leuzinger-Bohleber, Marianne / Reh, Sabine / Sielert,

Uwe / Thompson, Christiane (Hg.): Sexualisierte Gewalt, Macht und Pädagogik. Opladen, Berlin & Toronto: Verlag Barbara Budrich, S. 265–290

Henningsen, Anja / **Sielert**, Uwe (2023): Praxishandbuch Sexuelle Bildung, Prävention sexualisierter Gewalt und Antidiskriminierung. Weinheim / Basel: Beltz Juventa.

Kowalski, Marlene (2020): Nähe, Distanz und Anerkennung in pädagogischen Beziehungen. Rekonstruktionen zum Lehrerhabitus und Möglichkeiten der Professionalisierung. Wiesbaden: Springer VS.

Krem; Heidemarie / **König**, Adriane (2021): Rechtliche Aspekte in der Sexualpädagogik. In: Thuswald, Marion / Sattler Elisabeth (Hg.): Sexualität, Körperlichkeit und Intimität. Pädagogische Herausforderungen und professionelle Handlungsspielräume in der Schule. Bielefeld: transcript Verlag, S. 357–374.

Reinmann, Philipp / **Heinzel**, Friederike / **Retkowski**, Alexandra / **Rieske**, Thomas Viola / **Thole**, Werner / **Tuider**, Elisabeth (2021): Professionsethik nach 2010. Sexualität und Macht in Schule und Sozialer Arbeit. Wiesbaden: Springer VS.

Selbstlaut – Fachstelle gegen sexualisierte Gewalt an Kindern und Jugendlichen (Hg.) (2020): Achtsame Schule. Leitfaden zur strukturellen Prävention von sexueller Gewalt. Wien. https://selbstlaut.org/wp-content/uploads/Selbstlaut-Leitfaden-2020_korr_20210205.pdf (Zugriff: 31. 1. 2024).

Thuswald, Marion (2022): Sexuelle Bildung ermöglichen. Sprachlosigkeit, Lust, Verletzbarkeit und Emanzipation als Herausforderungen pädagogischer Professionalisierung. Bielefeld: transcript.

Thuswald, Marion / **Sattler** Elisabeth (Hg.) (2021): Sexualität, Körperlichkeit und Intimität. Pädagogische Herausforderungen und professionelle Handlungsspielräume in der Schule. Bielefeld: transcript.

Urban, Maria / **Wienholz**, Sabine / **Khamis**, Celina (Hg.) (2022): Sexuelle Bildung für das Lehramt. Zur Notwendigkeit der Professionalisierung. Gießen: Psychosozial-Verlag.

Margit Angerer, Melanie Hauzinger

Sexualisierte Grenzüberschreitungen von Schüler:innen gegenüber Lehrer:innen

Erotisches Begehren, sexuelle Anziehung und Verliebtheit in pädagogischen Beziehungen stellen nach wie vor ein großes Tabu im Lehrberuf dar (vgl. Agnostini / Köffler 2017). Dennoch kann nicht übersehen werden, dass sie im schulischen Alltag existieren. Sobald Menschen in Präsenz miteinander arbeiten, sind sie auch mit ihren Körpern, ihren leiblichen Empfindungen und Gefühlen präsent, die eine erotische Komponente haben können. Auch im schulischen Kontext kann es dazu kommen, dass die Beteiligten einander als sexuell anziehend wahrnehmen. Zudem wird jeder Person ein Geschlecht zugeschrieben — und Geschlechtlichkeit ist oft mit sexuellen Zuschreibungen verbunden. Während in den letzten Jahren zahlreiche Publikationen zu sexualisierten Grenzüberschreitungen von Lehrer:innen gegenüber ihren Schüler:innen erschienen sind und auch sexualisierte Grenzüberschreitungen unter Schüler:innen zunehmend thematisiert werden, gibt es kaum Untersuchungen zu Grenzüberschreitungen von Schüler:innen gegenüber ihren Lehrpersonen.

Sexuell aufgeladene Kommentare und Interaktionen sind Teil der Sozialisationsprozesse von Jugendlichen und auch Teil einer sich ständig verändernden Jugendkultur. Unbestritten ist in diesem Zusammenhang wohl auch, dass dieses jugendliche Experimentieren und Sich-Ausprobieren Pädagog:innen in herausfordernde Situationen bringen kann. Dies ist insbesondere dann der Fall, wenn sich Adressierungen mit sexuell-erotischem Inhalt an die Lehrer:innen persönlich richten. Diese werden oft als Grenzüberschreitungen empfunden. Wie das Spektrum dieser Adressierungen gestaltet sein kann, wird in dieser vorliegenden Publikation durch Fallbeispiele dargestellt: Sie reichen von Koketterien und dem Formulieren sehr persönlicher Fragen über Liebesgeständnisse bis hin zu Beschämungen und sexistischen Übergriffen.

Lehrer:innen sind gefordert, solcherart Situationen einzuschätzen und gezielte pädagogische Interventionen zu setzen. Welche Handlungsspielräume ihnen dafür zur Verfügung stehen, hängt von vielen Faktoren in den komplexen Beziehungsgeflechten zwischen Lehrperson, Schüler:innen und schulischem Umfeld ab. Die Situationen sind in jedem Fall sehr spezifisch, daher kann dieser Text keine allgemeingültigen Handlungsempfehlungen geben. Es werden jedoch themenspezifische Fragen aufgeworfen und bearbeitet, um Lehrpersonen auf die Herausforderungen durch sexualisierte Adressierungen vorzubereiten und um entsprechende Handlungsspielräume zu reflektieren und möglicherweise zu erweitern.

Die Thematik begegnete uns Autorinnen in der eigenen beruflichen Praxis wie auch in unserer Mentorinnentätigkeit für Lehramtsstudierende und Berufseinsteiger:innen. Im Austausch und bei der Reflexion mit Kolleg:innen von verschiedenen Schulen wurde uns die herausfordernde Wirkung der sexualisierten Adressierungen und Grenzüberschreitungen, besonders für junge Lehrer:innen, immer klarer. Ausgangspunkt unserer Arbeit waren etwa 30 Fallbeispiele. Diese stammen sowohl aus eigenen Erfahrungen als auch aus Gesprächen, die wir im Zuge unserer Recherchen mit Lehrer:innen aus unserem schulischen Umfeld und mit Kolleg:innen aus dem Universitätslehrgang Mentoring[1] geführt haben. Es handelte sich dabei nicht um gezielte Befragungen, sondern um freie Erzählungen im Zusammenhang mit dem Thema. Auffallend war, dass manche Kolleg:innen zunächst davon ausgingen, dass ihnen noch keine solche Grenzüberschreitung passiert war, sie dann aber von eindeutig sexualisierten Situationen — vor allem aus den

1 Der Hochschullehrgang ›Mentoring: Berufseinstieg professionell begleiten‹, wird vom Verbund Nord-Ost (Zusammenschluss von fünf Hochschulen in Wien und Niederösterreich in der Lehrer:innen-Bildung) angeboten. Er bildet aktive Lehrer:innen in vier Semestern berufsbegleitend zu Mentor:innen aus, die an ihren Schulstandorten Lehramtsstudierende in ihren Praktika und Berufseinsteiger:innen in ihrem ersten Jahr (Induktionsphase) betreuen.

ersten Dienstjahren – erzählen konnten. Gemeinsam ist den Lehrer:innen in unseren Fallbeispielen, dass sie schwer formulieren konnten, was sich da zwischen ihnen und ihren Schüler:innen zugetragen hatte, dass sie die Adressierungen der Jugendlichen aber als herausfordernd oder überfordernd empfunden hatten.

Je besser Pädagog:innen ihre persönlichen Grenzen, ihre Rolle als Lehrer:innen und ihr Verständnis von einem angemessenen Nähe-Distanz-Verhältnis zu den Schüler:innen kennen, desto leichter fällt es ihnen, in heiklen Situationen professionell zu agieren, so unsere These. Die vorliegende Handreichung soll dazu beitragen, Lehrer:innen in ihrem Reflexionsprozess zu unterstützen, eine Einordnung von Situationen in der Schule zu erleichtern und ggf. pädagogisch-professionelle Interventionen anzustoßen. Dafür ist es zentral, auch gesellschaftliche Machtstrukturen aufzuzeigen, die auf bestimmte Grenzüberschreitungen und Übergriffe bedeutenden Einfluss haben.

Im 1. Kapitel dieser Publikation werden das Nähe-Distanz-Verhältnis sowie das asymmetrische Machtverhältnis zwischen Lehrer:innen und Schüler:innen beleuchtet. Anschließend werden fünf Facetten bzw. Kategorien vorgestellt, um das Spektrum sexualisierter Adressierungen zu beschreiben und zu differenzieren. Das 3. Kapitel beschreibt konkrete Handlungsspielräume in der Praxis und im abschließenden 4. Kapitel werden weitere Fallbeispiele skizziert und Interpretations- und Reaktionsmöglichkeiten vorgeschlagen.

Unsere Recherche im beruflichen Umfeld ergab, dass sich sexualisierte Adressierungen zu einem überwiegenden Anteil an Frauen richten, und hier mit deutlicher Häufigkeit an Lehrerinnen unter 30 Jahren. Es kann nicht ausgeschlossen werden, dass junge Männer ebenfalls häufig betroffen sind, es wurden uns aber weniger Fallbeispiele dazu erzählt. Möglicherweise ist dieses Phänomen bei Männern noch stärker tabuisiert als bei Frauen. Auch wenn sich in der Publikation keine Fallbeispiele von Lehrpersonen finden, die sich als trans, inter* oder nicht-binär verorten oder die als nicht geschlechterkonform wahrgenommen werden, ist davon auszugehen, dass diese relativ häufig von Grenzüberschreitungen betroffen sind. Grenzüberschreitungen gibt es auch von Lehrer:innen gegenüber ihren Schüler:innen bzw. zwischen Schüler:innen untereinander (vgl. etwa Maschke / Stecher 2018, Urban 2019, Wagner / Knocke 2022, Freund 2021). Wir legen in dieser Handreichung den Fokus auf sexualisierte Grenzüberschreitungen von Schüler:innen gegenüber ihren Lehrer:innen, zentrale Analyseperspektive ist dabei das Geschlechterverhältnis.[2] Möglicherweise stellt unser Zugang eine gute Grundlage für weitere (Forschungs-)Arbeiten in diesem Bereich dar.

1. Nähe, Distanz und Asymmetrie in pädagogischen Beziehungen

Laut Helsper und Reh kann professionelles pädagogisches Verhalten durch ein kontinuierliches Ausbalancieren von Nähe und Distanz charakterisiert werden (vgl. Helsper/ Reh 2012: 271). Neben dem ›distanziert-spezifischen Tun‹ des schulischen Handelns werden alle Beteiligten auch in Dynamiken verstrickt, die ›nahe gehen‹: Eine ›gute Nähe‹, die Vertrauen und Offenbarungsprozesse ermöglicht, ist in der Schüler:innen-Lehrer:innen-Beziehung sehr wertvoll, fehlende Nähe kann das Lernen behindern. Besonders zur Vermeidung von Grenzüberschreitungen und um in der Lehrer:innenrolle professionell zu agieren, ist ein maßvoller und angemessener Umgang mit Nähe und Distanz sehr wichtig (vgl. Retkowski 2021: 258).

Wie eine Lehrperson das Nähe- und Distanzverhältnis zu den Schüler:innen gestaltet, ist neben ihrem Verständnis von Professionalität, ihrer Persönlichkeit und ihrer biografischen Erfahrung auch von der dominierenden

2 Die Geschlechterverhältnisse sind verwoben mit anderen Diskriminierungsachsen, wie etwa Rassismus, Queerfeindlichkeit oder Ableismus, was zu spezifischen Formen von (sexualisierten) Grenzüberschreitungen führen kann.

Schulkultur abhängig: Während in manchen Schulkulturen Nähe sehr positiv besetzt ist und Distanz eher als illegitim gilt, verhält es sich in anderen Schulkontexten genau umgekehrt. Zudem bringen Schüler:innen unterschiedliche Wünsche und Bedürfnisse im Hinblick auf die Nähe zu ihren Lehrpersonen mit, je nachdem wieviel Zuwendung und Anerkennung sie in anderen Lebensbereichen erfahren (vgl. Helsper 2012). Eine Lehrer:innen-Schüler:innen-Beziehung, die von einem ausbalancierten Nähe-Distanz-Verhältnis geprägt ist, kann Halt und Vertrauen geben. Sehr nahe Beziehungen sind aber auch anfälliger für emotionale Verwicklungen. Dieses Gefahrenpotential wird besonders deutlich, wenn Lehrpersonen eigene (Anerkennungs-)Bedürfnisse in pädagogischen Beziehungen zu stillen versuchen und Offenheit und Nähewünsche von Schüler:innen für ihre eigenen Interessen missbrauchen (vgl. Helsper 2012: 31). Es kann heikel sein, wenn Lehrpersonen zunächst viel Nähe anbieten, sich dann aber aufgrund von Überforderung oder eigener enttäuschter Erwartungen zurückziehen. Es stellt sich in diesem Zusammenhang die Frage: »Wer hat welches Begehren und ist in seinem Begehren auf wessen Anerkennung angewiesen?« (Helsper / Reh 2012: 269). Die Auseinandersetzung mit dem pädagogischen Ethos, insbesondere mit der Bedeutung der »Abstinenzregel«, kann hier förderlich sein: Sich bewusst zu machen, dass Kindern und Jugendlichen nicht die diffus-emotionalen Belange von Pädagog:innen (etwa die Lust, begehrt zu werden) aufgebürdet und aufgedrängt werden dürfen. Dies gehört zur strukturellen Verantwortung einer asymmetrischen pädagogischen Beziehung (vgl. Helsper/Reh 2012: 284).

Schüler:innen sind bis in die Adoleszenz hinein zumeist noch nicht in der Lage, rollenförmig-distanzierte und diffus-persönliche Beziehungen zu unterscheiden[3] (vgl. Helsper 2012: 28). Sie beziehen also die Adressierungen der Lehrer:innen, wenn es beispielsweise um Noten geht, auf sich persönlich, und neigen dazu, diese stark zu gewich-

3 Die strukturtheoretische Professionalisierungstheorie geht davon aus, dass Erwachsene durch ihre Erfahrung zwischen den »reinen« Beziehungsmustern (also persönlichen Beziehungen, die oft von diffusen Gefühlen geprägt sind) und den rollenförmig-universalistischen Beziehungsformen (Beziehungen, die stark von der Rolle, z. B. als Lehrer:in, abhängen) unterscheiden können. Schüler:innen ziehen ihre Lehrer:innen in eine emotional-nahe Beziehungslogik hinein, die Pädagog:innen müssen darin aber den »Part der reflektierten Distanz« einnehmen (vgl. Helsper / Reh 2012: 272).

ten: So wird vielleicht das fachliche Lob einer Lehrperson als Ausdruck einer persönlichen Bezogenheit interpretiert, während eine Zurechtweisung oder Kritik das Gefühl auslösen kann, als Person abgelehnt zu werden. Das macht ein alters- und kontextangemessenes Verhältnis von Nähe und Distanz besonders wichtig und notwendig.

Pädagogische Beziehungen zwischen Lehrer:innen und ihren Schüler:innen sind von einem asymmetrischen Machtverhältnis geprägt: Lehrer:innen stehen hierarchisch über den Heranwachsenden. Diese Asymmetrie, die eine Ungleichheit an Macht, aber auch an Verantwortung bedeutet, soll der Ermöglichung von Lern- und Bildungsprozessen dienen und ist daher für Lehrer:innen und Schüler:innen wichtig. Sie kann für Sicherheit und Stabilität sorgen. Durch dieses spezifische Machtverhältnis liegt die Verantwortung für die Prozesse in der Lehrer:innen-Schüler:innen-Beziehung überwiegend bei den Lehrpersonen als Erwachsene und professionell Tätige. Für Lehrer:innen gilt es also, die eigenen Vorstellungen von einer ›passenden‹ Nähe in der pädagogischen Beziehung mit der Schulkultur, der Lehrer:innenrolle, den Bedürfnissen der Schüler:innen und persönlichen Grenzen in Einklang zu bringen. Dieser Prozess ist vor allem bei jungen Lehrer:innen noch intensiv im Gange und oft mit Unsicherheit verbunden. Aber genau diese jungen Lehrer:innen sind laut Erfahrungsberichten besonders oft von erotisch aufgeladenen Adressierungen betroffen, zum einen, weil sie sich als jung wahrgenommene Personen eher als Projektionsfläche zu eignen scheinen als ältere Lehrer:innen, und zum anderen, weil sie in ihrer Rolle noch weniger gefestigt und sich ihrer Grenzen weniger bewusst sind als erfahrenere Lehrpersonen.

Häufig sind sexualisierte Adressierungen als Fragen an die Lehrperson formuliert. Die Intentionen der Schüler:innen können dabei vielschichtig sein: Möglicherweise ist das Ansprechen von sexuellen Themen in Scherzen, Fragen und Kommentaren, ein Versuch das eigene Interesse und den Bedarf an Auseinandersetzung zu signalisieren. Das offene Sprechen kann ein Zeichen von Vertrauen der Lehrperson gegenüber sein oder dem Wunsch entstammen, eine Einschätzung von der Lehrperson zu bekommen. Wenn in diesen Situationen auch von Übergriffen im privaten Umfeld der Schüler:innen berichtet wird, kann die Lehrperson sich als aktive Beratungsperson anbieten oder auf Beratungsmöglichkeiten verweisen (vgl. Pritz / Sattler / Thuswald 2021: 54–55). Oft geht es bei persönlichen Fragen aber darum herauszufinden, wie viel Nähe die Lehrperson zulässt. Die Frage fordert die Lehrperson zu einer Antwort auf und ist daher eine wirkmächtige Adressierung.

Im Zusammenhang mit Grenzüberschreitungen in pädagogischen Beziehungen verwendet Marion Thuswald den Begriff der »Macht-Lust«: Dieser »soll ausdrücken, dass Lehrer:innen und Schüler:innen Lust daran empfinden können, mit der Macht der Erotik und der Erotik der Macht in pädagogischen Beziehungen zu spielen.« (Thuswald 2022: 416). Sie konkretisiert weiter, dass es nicht selten vorkommt, »dass Schüler*innen Lehrer*innen begehren, sich in diese verlieben und / oder mit ihnen zu flirten versuchen« (Thuswald 2022: 417). Derartige Verwicklungen sind Teil des vielschichtigen Unterrichtsalltags, aber sie rechtfertigen in keiner Weise Grenzüberschreitungen, weder von Lehrer:innen noch von Schüler:innen. Thuswald stellt klar, dass die Verantwortung für den Umgang mit solchen Situationen bei der Lehrperson liegt, selbst wenn diese Macht-Lust von den Schüler:innen ausgeht: »Professionell Tätige sind dafür verantwortlich, einen angemessenen grenzachtenden Umgang mit sexueller Anziehung und Macht-Lust zu finden – ihrer eigenen wie auch der von Schüler*innen – bzw. sich professionelle Unterstützung zu holen, wenn sie alleine nicht mit der Situation zurechtkommen.« (Thuswald 2022: 416).

2. Fünf Facetten sexualisierter Adressierungen in der Schüler:innen-Lehrer:innen-Beziehung

Im Feld der Lehrer:innenbildung und Sexualpädagogik gibt es bis dato kaum Publikationen, die unterschiedliche Formen sexualisierter Adressierungen und Grenzüberschreitungen von Schüler:innen gegenüber Lehrer:innen differenzieren. Wir unternehmen in diesem Text den Versuch, fünf Kategorien zu formulieren, die dazu dienen, das Phänomen analytisch möglichst klar zu definieren und in voneinander abgrenzbaren Facetten zu beschreiben. Dieser Einteilung zugrundeliegend sind die verschiedenen Intentionen von Schüler:innen und damit einhergehend unterschiedliche (Macht-)Dynamiken. Die für diese Arbeit gesammelten Fallbeispiele lassen sich, jeweils mehr oder weniger trennscharf, in untenstehende Kategorien einteilen:

1. Thematisierung von sexuellen Inhalten
2. Erotisch aufgeladene Interaktionen
3. Anziehung und Verliebtheit
4. Sexualisierte Adressierungen mit Beschämungsintention
5. (Hetero-)Sexistische Übergriffe zum Machtgewinn

Die ersten drei Kategorien unterscheiden sich von den letzten beiden deutlich: Während das Thematisieren von sexuellen Inhalten, erotisch aufgeladene Interaktionen und Verliebtheit häufige Aspekte jugendlicher Entwicklung und damit des Schulalltags darstellen, sind Beschämungen und sexistische Übergriffe ein problematisches Verhalten, das professionell bearbeitet werden muss. Anders formuliert beschreiben die ersten drei Kategorien ein jugendliches Verhalten, in dem sich Schüler:innen ausprobieren. Damit sind Lehrer:innen gefordert, einen Umgang zu finden. Bei den letzten beiden Kategorien geht es vordergründig um Machtdynamiken, die damit zum Tragen kommen und einer

FÜNF FACETTEN SEXUALISIERTER ADRESSIERUNGEN:
1. Thematisierung von sexuellen Inhalten
2. Erotisch aufgeladene Interaktionen
3. Anziehung und Verliebtheit
4. Sexualisierte Adressierungen mit Beschämungsintention
5. (Hetero-)Sexistische Übergriffe zum Machtgewinn

Bearbeitung bedürfen. Die formulierten Parameter sollen Lehrpersonen unterstützen, das als übergriffig empfundene Verhalten von Schüler:innen zu verstehen, einzuordnen und einen angemessenen Umgang mit diesen Grenzüberschreitungen zu finden. Oft fehlen Lehrer:innen im ersten Moment die Sprache und/oder das Vokabular, um überhaupt zu benennen, was passiert ist. Die fünf Kategorien können Verständnisse anbieten sowie eine Begebenheit beschreiben und einordnen helfen, denn oft ist das treffende Benennen einer zunächst diffus empfundenen Situation selbst bereits eine wirksame Intervention. Wichtig ist hier anzumerken, dass die jeweiligen Zuordnungen von Vorkommnissen subjektiv sind und auf der Einschätzung der involvierten Lehrer:innen beruhen, weil nur diese Intentionen und die Hintergründe von Kommentaren, Adressierungen und Handlungen einschätzen können.

Dies kann das folgende Fallbeispiel veranschaulichen: Ein 18-jähriger Schüler sagt zu seiner 24-jährigen Lehrerin:

> »Frau Professor, ich habe schon mit Frauen geschlafen, die sind älter als Sie.«

Wie diese Aussage von der Lehrperson interpretiert und aufgenommen wird, ist von vielen Dimensionen der Lehrer:innen-Schüler:innen-Beziehung abhängig, und kann daher nur von der adressierten Lehrperson eingeordnet werden. In den nun folgenden Unterkapiteln werden wir versuchen, das Spektrum der sexualisierten Adressierungen mit Hilfe der fünf formulierten Kategorien zu beschreiben, möglichst genau zu definieren und durch Fallbeispiele sicht- und greifbar zu machen. In Kapitel 4 kommen wir dann nochmals auf mögliche Interpretationen zu dem hier beschriebenen Fallbeispiel zurück.

2.1. Thematisieren von sexuellen Inhalten

Das Thematisieren von sexuellen Inhalten erfolgt durch entsprechende Gespräche in Hörweite der Lehrperson, sexualisierte Bilder und Gesten und manchmal durch (zu) persönliche Fragen.

> In einer Supplierstunde wird in der ersten Reihe neben der Lehrerin folgendes Gespräch geführt:
> »Groß ist doch gut bei Penissen.« (Schüler, 13 Jahre)
> »Nein, das tut doch weh ab einer gewissen Größe, oder?« (Schülerin, 13 Jahre) Danach fragender Blick zur Lehrerin.
>
> »Frau Professor, stehen Sie auf den Herrn Professor XY?« (Schülerin, 13 Jahre)
>
> Lehrperson betritt das Klassenzimmer. Auf die Tafel wurde ein Penis gezeichnet.
>
> Lehrperson betritt das Klassenzimmer. Auf der Tafel steht »Lehrer XY ist geil«.
>
> Schüler macht im Unterricht Handbewegungen, als würde er masturbieren.

Schüler:innen sprechen manchmal von sich aus über sexuelle Themen, besonders während des Arbeitens in kreativen Fächern, im Werkstätten- oder Sportunterricht, wenn die Unterrichtssituation nicht frontal und damit beweglicher ist und von den Schüler:innen auch als offener wahrgenommen wird. Diese Gespräche werden dabei oft absichtlich neben bzw. in Hörweite der Lehrperson geführt, um zu sehen, wie diese dazu steht – oder um Grenzen auszuloten. Letzteres erfolgt oft durch das Stellen von (zu) persönlichen Fragen, um die Nähebeziehung zur Lehrperson auszutesten. Zweifelsohne kann dem auch eine Beschämungsintention zugrunde liegen, die Schüler:innen versuchen so, die Lehrperson zu verunsichern oder abzuwerten (vgl. Pritz/

Sattler / Thuswald 2021: 51–67). Auf dieses Phänomen wird in den Kapiteln 2.4 und 2.5 noch genauer eingegangen.

Sexualität kann von Schüler:innen in verschiedenen Formen thematisiert werden, manchmal werden klar sichtbare Zeichnungen z. B. an die Tafel gekritzelt oder es gibt sexualisierte Gesten und Bewegungen. Auch sexualisierte Rap-Texte und Worte aus der Jugendsprache sind oft Anlass dazu, Diskussionen anzuregen oder zu provozieren. Bisweilen verweisen sexualitätsbezogene Fragen oder Äußerungen auf einen Bedarf an Gespräch, Beratung oder sexualpädagogischen Bildungsangeboten bei den Schüler:innen. Es kann für die Schüler:innen ein wertvoller pädagogischer Beitrag sein, wenn sich die Lehrperson in diesen Situationen positioniert. Gerade in diesem Zusammenhang ist es besonders wichtig, die Jugendlichen als Expert:innen ihrer Lebenswelt wahrzunehmen und ehrliches Interesse an den entsprechenden Songs, Jugendwörtern, spezifischen Abkürzungen und deren Bedeutungen für die Schüler:innen zu zeigen.

2.2. Erotisch aufgeladene Interaktionen

Im schulischen Alltag können durch kleine Äußerungen und Gesten von Lehrer:innen und Schüler:innen Situationen entstehen, in denen nahezu unbemerkt eine sexuell aufgeladene Stimmung entsteht. Dies kann als ›Kokettieren‹ bezeichnet werden. Helsper und Reh (2012: 267) nennen es eine »diffundierende Erotisierung« und beschreiben, wie »geradezu alltäglich dieses Phänomen ist, wie es sich kaum vollständig beherrschen oder steuern lässt, wie es anscheinend hier für niemanden problematisch wird und dennoch in seiner Ambivalenz den Boden bieten kann für weitgehende problematische Verstrickungen der Beteiligten miteinander.« (ebd.) Es sind also eher unscheinbare Situationen, bereits ein ›Sich-sexy-Nähern‹ kann eine erotisch aufgeladene Geste einer:eines Schüler:in darstellen.

»Frau Professor, ich brauche bei diesem Beispiel Ihre Hilfe, also eigentlich persönliche, seelische Unterstützung von Ihnen.« (Schüler, 17 Jahre)

»Frau Professor, Sie würden sich gut als Unterwäschemodel eignen!« (Schüler, 17 Jahre)

»Für mich als Ihren Lieblingsschüler werden Sie doch wohl mal eine Ausnahme machen?« (Schüler, 16 Jahre)

Es kommt dabei zu erotisierenden Überlagerungen, die für alle Beteiligten – Schüler:innen sowie Lehrer:innen – oft diffus bleiben (vgl. Helsper/Reh 2012: 270). Die Intentionen der Schüler:innen sind dabei ebenso diffus, Grenzüberschreitungen passieren dann, wenn ›das Spiel zu weit getrieben wird‹.

Junge Lehrer:innen erleben in den ersten Unterrichtsjahren viele verschiedene Gefühle: Wenn sich die ersten vertrauteren pädagogischen Beziehungen zu den Schüler:innen aufbauen, wird dies oft als bereichernd und beglückend empfunden. In diesen emotional aufgeladenen Situationen ist es verführerisch, eine freundschaftliche Beziehung der Nähe herzustellen und sich von erotisch aufgeladenen Adressierungen geschmeichelt zu fühlen. Professionelles Verhalten bedeutet, sich der Asymmetrie des Machtverhältnisses und der Verantwortung der Lehrer:innenrolle bewusst zu sein und Nähe und Distanz mit Sorgfalt auszubalancieren.

Werden Lehramtsstudierende in der Ausbildung darauf nicht vorbereitet, besteht die Gefahr, dass sie keinen (für sich) passenden Umgang mit eigenen diffusen Gefühlen der Anziehung oder erotischen Adressierungen der Schüler:innen finden und folglich ihre Schüler:innen aus Angst vor diesen Situationen ablehnend, zurückweisend oder aggressiv behandeln, durch Scham handlungsunfähig werden oder eine anzügliche, grenzüberschreitende Atmosphäre aufkommen lassen und so ihre Machtposition gegenüber Kindern und Jugendlichen ausnutzen (vgl. Thuswald 2022: 417).

2.3. Anziehung und Verliebtheit

Mit Anziehung ist hier ein erotisches Hingezogen-Sein bzw. sexuelles Begehren von Schüler:innen gegenüber einer Lehrperson gemeint. Manchmal sprechen Schüler:innen auch von Verliebtsein oder Liebe. Wenn sich Schüler:innen in Lehrer:innen verlieben, wird dies mitunter durch ihr Verhalten im Klassenverband sichtbar. Häufiger plaudert es eine:r der Klassenkolleg:innen aus, in seltenen Fällen wird es von den Schüler:innen selbst kommuniziert, indem sie diesen Umstand entweder offen aussprechen oder (anonyme) Liebesbriefe schreiben.

Was sich im ersten Moment wie eine harmlose Schwärmerei anhört, kann für die Lehrperson zu einem anstrengenden und schwierigen Prozess werden. Besonders wenn die Klassenkolleg:innen auch von der Verliebtheit wissen, werden alle Interaktionen mit der:dem Schüler:in genau beobachtet, bewertet und als Tratsch weitererzählt. Oft werden betroffene Lehrpersonen sowohl von anderen Lehrer:innen als auch von Schüler:innen auf die Verliebtheit angesprochen, was zu unangenehmen Situationen führen kann. Die Pädagog:innen achten dann möglicherweise ganz genau auf ihr Verhalten dem:der Schüler:in gegenüber, da sie weder zu abweisend noch zu zugewandt agieren wollen. Dieser Prozess kann Monate — manchmal auch Jahre — anhalten und stellt Lehrer:innen daher vor große Herausforderungen, sowohl bei Oberstufenschüler:innen als auch bei Unterstufenschüler:innen.

13-jährige Schülerin sagt vor der ganzen Klasse zu ihrer Lehrerin: »Ich liebe den Herrn Professor XY so sehr, es ist nicht zum Aushalten. Ist er verheiratet? Können Sie mir das sagen? Was soll ich nur tun?«

Anonymer Brief an eine Lehrerin »Sie sind mehr als eine Lehrerin, Sie sind einfach etwas Besonderes und so ganz anders als die anderen [...]«

Schüler (17 Jahre) schenkt seiner Lehrerin vor der gesamten Klasse eine rote Rose.

Schülerin sucht ständig Körperkontakt zu Lehrer, zum Beispiel Berührungen an der Schulter.

»Haben Sie einen Freund oder können wir auf ein Date gehen?« (Schüler, 17 Jahre zu seiner Lehrerin, 25 Jahre)

Es wird sowohl für Lehrer:innen als auch für Schüler:innen besonders ›kompliziert‹, wenn die Verliebtheit offengelegt wird. Die österreichischen Beratungsseite »Rat auf Draht« empfiehlt Schüler:innen, solche Gefühle nicht sichtbar zu machen und in Ruhe darum zu trauern, dass es diese Beziehung niemals geben wird. Dabei wird deutlich auf das Autoritätsverhältnis hingewiesen, das auch bei älteren Schüler:innen gesetzlich eine Beziehung mit Lehrer:innen verbietet. »Auch für besonders reife Jugendliche, die bereits Beziehungen mit Erwachsenen führen, sind Lehrer*innen tabu.« (Rat auf Draht 2023, online)

Besonders Lehrer sind manchmal verunsichert, weil ihnen vorgeworfen werden könnte, sie hätten die Situation provoziert und seien damit übergriffig geworden (vgl. Pritz/Sattler/Thuswald 2021: 64). Es ist ratsam, auf Transparenz zu achten und sich mit Kolleg:innen oder der Schulleitung auszutauschen, um Unklarheiten von Anfang an aus dem Weg zu schaffen. Hilfreich ist auch, wenn im Schutzkonzept[4] der Schule oder einem Verhaltenskodex Richtlinien für das

4 In einem Ministerrat vom 20.9.2023 wurde ein verpflichtendes Kinderschutzkonzept für Schulen beschlossen (Bundesministerium für Bildung, Wissenschaft und Forschung 2023). In diesem Konzept entwickeln Schulen und Jugendorganisationen Risikoanalysen, präventive Maßnahmen und Maßnahmen im Verdachtsfall sowie gemeinsame pädagogische Haltungen und Standards um Kinder und Jugendliche sowie Mitarbeiter:innen vor psychischer oder körperlicher Gewalt zu schützen (vgl. Bundeskanzleramt Leitfaden Kinderschutzkonzept 2023).

Verhalten von Lehrpersonen in heiklen Situationen festgelegt sind. Grundsätzlich sind solche Unterstellungen sehr selten: Es kommt deutlich häufiger vor, dass Mädchen und ihre Übergriffserfahrungen nicht gehört werden, als dass Männer falsch beschuldigt werden.[5]

Die Lehrerin Marlies Brommer weist darauf hin, dass Schüler:innen manchmal gar nicht einordnen (können), welches Gefühl sie gerade ihrer Lehrperson gegenüber empfinden, ob es etwa Verliebtheit oder Wertschätzung ist. Bei den Jüngeren, die zum Beispiel etwas für die Lehrperson zeichnen, ist es vielleicht Bewunderung oder Zuneigung (vgl. Brommer in Pritz / Sattler / Thuswald 2021:64). Es kann als hilfreich eingeschätzt werden, wenn Erwachsene den Heranwachsenden helfen, ihre Gefühle besser differenzieren, verstehen und benennen zu können.

Überleitend zu den letzten beiden Kategorien muss angemerkt werden, dass im Gegensatz zu den bisher beschriebenen Phänomenen bei den folgenden nun (geschlechtliche) Machtdynamiken eine zentrale Rolle spielen. Beide Kategorien stehen im Zusammenhang mit heterosexistischen[6] gesellschaftlichen Strukturen: Bei Adressierungen mit Beschämungsintention wirken sich diese derart aus, dass Beschämungen gegenüber Lehrern anders gestaltet sind als gegenüber Lehrerinnen. In der fünften Kategorie werden sexistische Übergriffe durch ein von Schülern wahrgenommenes Hierarchiedilemma hervorgerufen, das durch heterosexistische Gesellschaftsstrukturen entsteht.

2.4. Sexualisierte Adressierungen mit Beschämungsintention

Wie bereits unter Punkt 2.1 erwähnt, kann manchen grenzüberschreitenden Aussagen und / oder Gesten von Schüler:innen eine Beschämungsintention zugrunde liegen.

5 Laut einer EU weiten Studie von 2014 hat jede zweite Frau sexuelle Belästigung erfahren, eine von zehn Frauen erfuhr sexuelle Gewalt. Weniger als 25 % der Fälle von sexueller Gewalt kommen zur Anzeige (vgl. European Union Agency for fundamental rights 2015: 3). Der Prozentsatz von falschen Beschuldigungen liegt laut einer europäischen Studie bei etwa 3 bis 4 Prozent (vgl. Burman; Lovett & Kelly 2009: 10).

6 Das Informations- und Dokumentationszentrum für Antirassismusarbeit (2023) beschreibt den Begriff Heterosexismus wie folgt: Heterosexismus bezeichnet die Diskriminierung von Menschen, die nicht in ein heteronormatives Weltbild passen, etwa weil sie homosexuell begehren, inter* oder transgender sind oder nicht den gängigen Geschlechterklischees entsprechen. Dahinter stecken sexistisch geprägte Rollenbilder für Mädchen und Jungen, Männer und Frauen. Diese Klischees schreiben Menschen auf »normale« Verhaltensmuster fest, denken »abweichende« Bedürfnisse und Praktiken nicht mit und verurteilen sie.

Laut Sara-Friederike Blumenthal nutzen Schüler:innen sexualitätsbezogene Beschämung von Lehrer:innen als Methode des »Angriffs«, besonders wenn sie sich zuvor selbst beschämt gefühlt haben (vgl. Blumenthal 2014: 152).

> Schüler (13) zeichnet Lehrerin als Domina und hängt das Bild in der Klasse auf.
>
> »Und, Frau Professor, welche Pornos schauen Sie so?« (Schüler, 13 Jahre)
>
> Lehrer erhält einen anonymen Zettel: »Ich denke während des Unterrichts immer daran, wie groß Ihr Schwanz wohl ist.«
>
> Lehrer erhält an seiner Privatadresse eine Postkarte mit einer nackten Frau, beschriftet wird sie anonym mit »Hast du jetzt einen Steifen?«. Analyse der Schrift identifiziert eine 13-jährige Schülerin.

Laut unserer eigenen Beobachtung, unserer Unterrichtserfahrung und den Erfahrungsberichten aus unserem Kollegium passieren aktive Überschreitungen der Schamgrenzen deutlich häufiger von Schülern gegenüber ihren Lehrerinnen als von Schülerinnen gegenüber ihren Lehrern. Dies wurde auch von Blumenthal (2014: 155) beobachtet. Sie interpretiert diesen Sachverhalt mit Rekurs auf die Habitustheorie von Pierre Bourdieu so, dass Schüler durch Abwertung von weiblicher Sexualität symbolisches Kapital in der Peer-Group und somit soziale Anerkennung sammeln. Sexualitätsbezogene Scham fungiert somit als Machtmittel in einer sozialen Ordnung, in der Männer üblicherweise weibliche Körper kommentieren, in der männliche Sexualität der weiblichen Sexualität übergeordnet und weibliches Begehren tabuisiert wird. In einem sozialen System, in dem weibliche Sexualität abgewertet wird, wirkt schon das Thematisieren der Sexualität einer Lehrerin durch einen Schüler

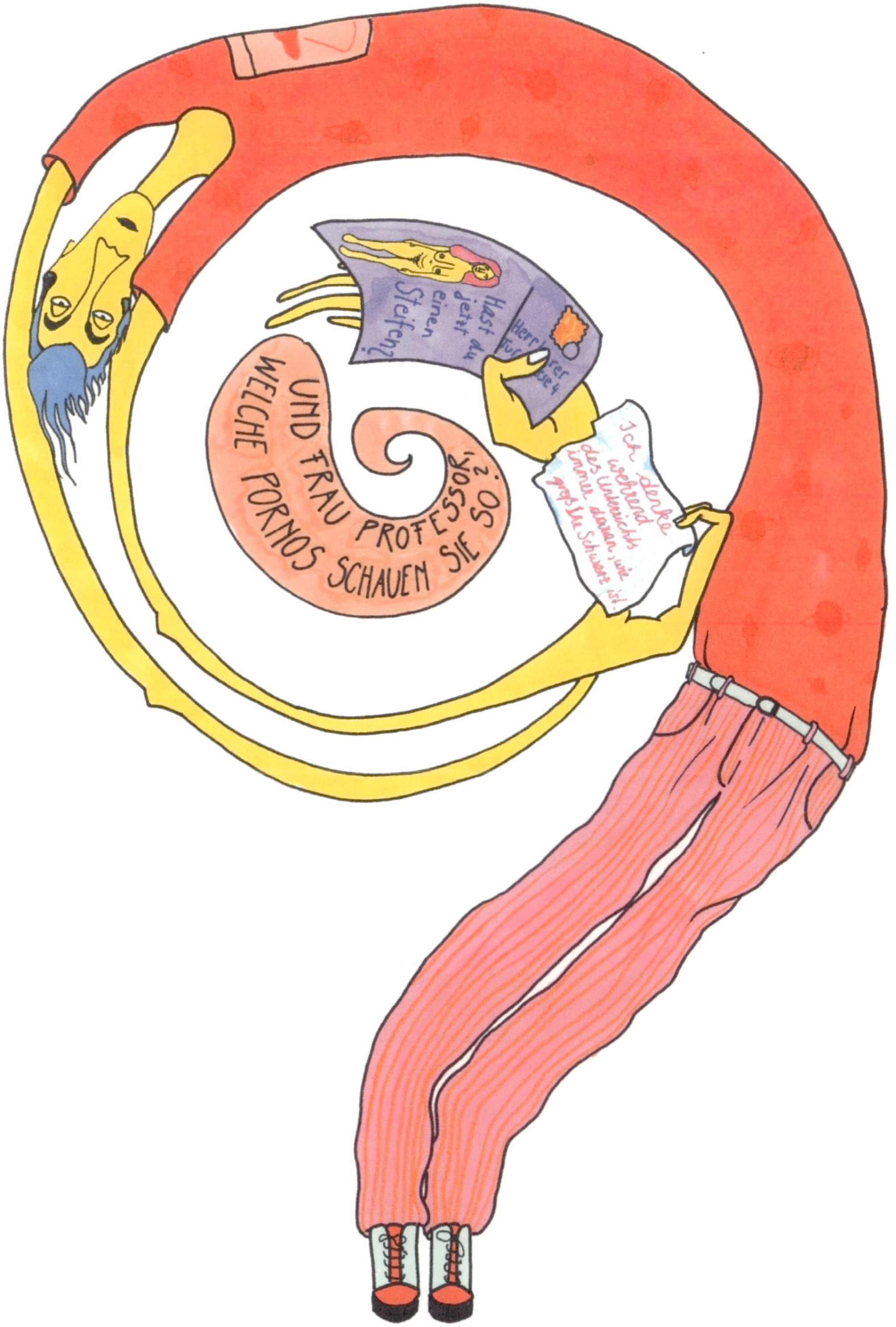
Hast du jetzt einen Steifen?
Ich denke wehrend des Unterrichts immer daran, wie groß Ihr Schwanz ist.
UND FRAU PROFESSOR, WELCHE PORNOS SCHAUEN SIE SO?

in vielen Fällen als beschämende Grenzüberschreitung (vgl. Blumenthal 2014: 154). Zeigt sich so ein Verhalten in einer Klasse, ist es im Sinne einer feministischen Verantwortung bzw. einer Arbeit an Geschlechtergleichstellung wichtig, das Thema Sexismus mit den Jugendlichen zu bearbeiten.[7]

Hierbei wird auch deutlich, dass sexualisierte Grenzüberschreitungen von Schülern gegenüber Lehrerinnen anders gestaltet sind als diejenigen von Schüler:innen gegenüber ihren Lehrern. In ihren Forschungen beobachtet Blumenthal, dass bei Lehrerinnen allein das Thematisieren der Existenz von Lust und Sexualität der Pädagogin schon Grundlage einer Beschämung darstellt, während bei Lehrern die Beschämung dadurch zustande kommt, dass ihre Sexualität als tendenziell übergriffig dargestellt wird (vgl. Blumenthal 2014: 154).

Beschämung von Lehrer:innen aufgrund von Abweichungen von Geschlechternormen

Erwähnt sei hier auch, dass sich diese Übergriffe nicht nur gegen Frauen richten, sondern auch gegen Lehrer:innen, deren geschlechtliche und / oder sexuelle Identität, Körper und/oder Geschlechtsausdruck (Kleidung, Auftreten usw.) als normabweichend wahrgenommen werden. Auch diese Pädagog:innen werden häufig beschämt (vgl. Palzkill 2019: 26). Wenn Lehrer:innen nicht den Geschlechternormen entsprechen – etwa Lehrerinnen mit behaarten Beinen – kann dies zu Abwertung und Grenzüberschreitungen führen. Die Abweichung von gesellschaftlichen Weiblichkeits- und Männlichkeitsanforderungen[8] wird unter den Peers, aber auch Lehrpersonen gegenüber ›sanktioniert‹. Da sexistische Grundhaltungen auch bei Schülerinnen existieren, gibt es auch von dieser Seite sexistische Kommentare gegenüber ihren Lehrpersonen, wobei es hier seltener zu Übergriffen kommt, da Mädchen und Frauen in unserer Gesellschaft weniger in ein Hierarchiedilemma geraten, wie es im nächsten Kapitel genauer beschrieben wird.

7 In diesem Zusammenhang möchten wir auf das Unterrichtsprinzip »Reflexive Geschlechterpädagogik und Gleichstellung« verweisen, nachzulesen unter: https://www.bmbwf.gv.at/Themen/schule/schulpraxis/prinz/refgp.html [Zugriff: 21.7.2023].

8 Eine profunde Auseinandersetzung mit Weiblichkeitsanforderungen bietet der Beitrag von Katharina Debus (2012), mit Männlichkeitsanforderungen jener von Olaf Stube und Katharina Debus (2012).

2.5. (Hetero-)Sexistische Übergriffe zum Machtgewinn

Werden beschämende Adressierungen von männlichen Schülern gegenüber ihren weiblichen Lehrerinnen genauer beleuchtet, zeigt sich, dass ein Teil dieser Grenzüberschreitungen Ausdruck einer sexistischen Grundhaltung und eines Hierarchiedilemmas junger Männer gegenüber Frauen ist: »Die Tatsache, dass die Lehrerin als Frau in der schulischen Statushierarchie eine obere Position besetzt, kollidiert für Jungen und männliche Jugendliche mit der herrschenden Geschlechterhierarchie. Als Lernender ist der Schüler der Lehrerin untergeordnet. Als angehender Mann steht er unter dem Druck, eine der Frau übergeordnete Position einzunehmen.« (Palzkill 2019: 25) Bei dem Versuch, dem Hierarchiedilemma zu entkommen, kommt es auch zu Grenzüberschreitungen von Schülern. Birgit Palzkill (2020) weist darauf hin, dass sexualisierte Gewalt und sexistische Aussagen Mittel der Machtausübung sind.

»Bitch!« Ausruf eines Schülers (14 Jahre) gegenüber seiner Lehrerin nach einer schlechten Beurteilung.

Koedukativer Sportunterricht. Lehrerin (25 Jahre): »Kannst du bitte in dein Volleyball-Team gehen?« Schüler (17) antwortet: »Und können Sie mir einen blasen?«

Sexistische Drohung (Androhung einer Vergewaltigung) eines Schülers (17 Jahre) gegenüber Lehrerin (24 Jahre).

Verbale sexualisierte Gewalt gegen Lehrer:innen reichen von sexistischen Äußerungen bis hin zu beschämenden Beschimpfungen und sind definitiv keine Einzelfälle. Sie werden aber kaum thematisiert. Bis auf wenige qualitative Studien zum Sportunterricht existieren keine wissenschaftlichen Publikationen zu dem Thema (vgl. Palzkill/Pohl/Scheffel 2020: 23).

Sexistische Übergriffe können auch körperlich sein und erfüllen dann – wie auch verbale Übergriffe – den rechtlichen Tatbestand der sexuellen Belästigung und Diskriminierung aufgrund des Geschlechts. In diesen Fällen können neben pädagogischen Maßnahmen auch rechtliche Schritte überlegt werden. Auf jeden Fall ist es wichtig, sich Unterstützung zu suchen, etwa von Beratungsstellen oder der Personalvertretung. Auch eine Meldung an die Direktion kann sinnvoll sein. Direktor:innen haben eine Fürsorgepflicht gegenüber ihren Mitarbeitenden, die u. a. beinhaltet, diese vor sexueller Belästigung zu schützen bzw. eine solche zu unterbinden. Mögliche Anlaufstellen werden in den folgenden Kapiteln noch beschrieben.

Die hier erläuterten fünf Kategorien sexueller Adressierungen bieten die Möglichkeit einer Zuordnung. Wie situativ und subjektiv aber die Einordnung einer Situation ist, kann durch das eingangs erwähnte Fallbeispiel sichtbar gemacht werden, das hier nochmal aufgegriffen wird. Ein 18-jähriger Schüler sagt zu seiner 24-jährigen Lehrerin:

> »Frau Professor, ich habe schon mit Frauen geschlafen, die sind älter als Sie.«

Je nach Kontext und individueller Schüler:innen-Lehrer:innen-Beziehung sind unterschiedliche Deutungen durch die Lehrerin möglich:

- »Das ist nur ein witziger Kommentar eines Schülers, der sich darüber wundert, dass ich noch so jung bin!« *(erotisch aufgeladene Interaktion)*
- »Der Schüler hat das Bedürfnis, dass ich ihn als Mann wahrnehme, weil er verliebt ist!« *(Verliebtheit)*
- »Der Schüler will mich vor allen anderen beschämen, indem er thematisiert, dass ich auch ›nur‹ eine Frau bin und eine Sexualität habe.« *(Beschämungsintention)*

ICH WETTE MIT EUCH UM EINE KISTE BIER, DASS ICH DIE FRAU PROFESSOR NOCH VOR DER MATURA IM BETT HAB'.
AAAAHH
JAAJAAJAH
MMMMHH
AHHAHHH
OHJAHH
22:11
Unbekannt
OOOHH OHH
MWAH
FEEDBACK
Was ich der Lehrerin noch sagen möchte:
Sie hat einen geilen Arsc
THIS COULD BE US
FRAU PROFESSORIN, WENN SIE SICH EINEN AUSSUCHEN KÖNNTEN, WELCHEN VON DEN LEHRERN WÜRDEN SIE NEHMEN?
HAHA!!
HA
AHAH HAHAHA
HA
HA
HAHAHA
HIHIHI
MUAHAHAHA
BAAAHAHA
HAHAHAHA
Estamos en el cama de la profe de español. La beso mucho. Yo beso la. Muchos besos para su cara y los labios y el boca tambien. Ella es bonita.
RAU ROFESSOR, IIT DEN RAUEN HALTE CH ES WIE MIT EM WEIN: E REIFER, ESTO BESSER!

- »Der Schüler will damit klarstellen, dass ich nicht über ihm stehe, sondern er mich als Mann auch ›haben‹ könnte, wenn er möchte, so wie auch andere Frauen meines Alters.« *(sexistischer Übergriff)*

Nur die andressierte Lehrperson kennt den situativen jeweils spezifischen Kontext und die persönliche Beziehung zu dem Schüler so gut, dass sie die Situation entsprechend beurteilen kann. Unabhängig davon können Schüler:innen und auch Lehrer:innen, die solche Situationen beobachten oder darüber informiert werden, andere Bewertungen oder Einordnungen vornehmen. Diese unterschiedlichen Wahrnehmungen sind bei zu setzenden oder nicht gesetzten Interventionen zu bedenken.

3. Handlungsspielräume professionell reflektieren und erweitern

Viele Pädagog:innen konzentrieren sich in erster Linie auf den fachlichen Unterricht und fühlen sich durch deutlich sexualisierte oder affektive Adressierungen von Schüler:innen verunsichert. Denn diese Adressierungen können das asymmetrische Machtverhältnis verschieben, das für die pädagogische Beziehung zwischen Lehrer:innen und Schüler:innen grundlegend ist. Die Sicherheit, die durch diese Asymmetrie für Lehr-Lern-Verhältnisse hergestellt wurde, wird durch peerkulturelle Kommunikationsformen von Schüler:innen gegenüber der Lehrperson tendenziell verschoben. Wenn ein Schüler seine Lehrerin beispielsweise nach einem Date fragt, kollidiert dieses Verhalten mit dem asymmetrischen Machtverhältnis. Bei den Lehrpersonen — insbesondere bei jungen — löst dies nachvollziehbarerweise Verunsicherung und vielleicht das Gefühl von Irritation oder Machtverlust aus (vgl. Retkowski 2021: 259).

Zielen Kommentare von Schüler:innen auf Beschämung oder sexistische Übergriffe ab, ist das im ersten Moment in den allermeisten Fällen eine Überforderung für die betroffene Lehrperson. In der ersten Reaktion versuchen Lehrer:innen dann möglicherweise spontan, der Situation zu entkommen oder bemühen sich, viel Stärke zu zeigen, um die Scham zu überspielen. Manchmal ›steigen sie in Machtkämpfe ein‹, reagieren mit einer Gegenabwertung und demonstrieren damit Schlagfertigkeit und Coolness (vgl. Palzkill 2019: 26). Diese Reaktionen führen aber tendenziell dazu, dass die Asymmetrie in der Lehrer:innen-Schüler:innen-Beziehung weiter aus der Balance gerät und Kontrollverlust erlebt wird. Andere Pädagog:innen lassen den Übergriff ›abprallen‹ und ignorieren ihn. All diese Strategien sind für die betroffenen Lehrpersonen kraftzehrend und sehr belastend. Wie kann der Umgang mit sexuellen Adressierungen professionalisiert werden? Dieser Frage widmen sich die nächsten Abschnitte.

3.1. Warum intervenieren?

Eine Intervention hilft den Lehrer:innen bei sexualisierten Adressierungen dabei, ihre eigenen Grenzen zu wahren. Schüler:innen haben kein Recht, ihren Lehrer:innen gegenüber distanzlos zu sein, und alle Pädagog:innen sollten ihre Grenzen kennen und bewahren. Zudem sprechen solche Situationen Lehrer:innen auch in ihrer pädagogischen Verantwortlichkeit an. In ihrer Rolle als Lehrpersonen sind sie wichtige Bezugspersonen im Sozialisationsprozess der Schüler:innen, auch in Hinblick auf die sexuelle Sozialisation. Neben dem geplanten Sexualunterricht sind die spontanen Reaktionen von Lehrer:innen ebenfalls Teil der Sexualerziehung, insbesondere wenn die Pädagog:innen bestimmte Situationen als Möglichkeit für diese erkennen und nutzen (vgl. Zeichen 2009: 55–56). Die Wahrnehmung und Auseinandersetzung mit der sexuellen Sozialisation der Schüler:innen ist also Teil des Lehrberufs und es ist Aufgabe der Pädagog:innen, verantwortungsbewusst damit umzugehen. Ziel ist es, eine professionelle Distanz zu entwickeln und sich im Bedarfsfall Unterstützung zu holen, sodass nach einer Grenzüberschreitung nicht die Beschämung im Vordergrund steht, sondern dass sich die Lehrperson als (Mit-)Initiator:in von Lernprozessen sehen kann. Das bedeutet nicht, dass sexualisierte Adressierungen eine Lehrperson nicht beschämen und überfordern können, vielmehr ist die Frage, welche Ressourcen und Unterstützungsstrukturen Lehrer:innen brauchen, um ›Ohnmachtsgefühle‹ zu überwinden, die Situation zu reflektieren und erforderliche Interventionen einleiten zu können.

Besonders wichtig ist dies in diskriminierenden und sexistischen Situationen: Diskriminierendes Verhalten und sexualisierte Gewalt von Schüler:innen gegenüber Lehrer:innen können fatale Folgen für beide Seiten haben, wenn sie nicht zurückgewiesen und bearbeitet werden. Nicht nur können sie das Wohlbefinden der Lehrperson beeinträchtigen, sondern sie wirken sich auch auf die Schüler:innen aus. Denn Lehrpersonen etablieren aufgrund ihrer Beispielsfunktion mit ihrem Verhalten Standards und damit auch Handlungsselbstverständlichkeiten, die nicht nur für ihre individuelle Beziehung zu einzelnen Schüler:innen von Relevanz sind, sondern das gesamte Unterrichts- und Schulklima beeinflussen (vgl. Palzkill/Pohl/Scheffel 2020: 61). Mutiges und klares Auftreten gegen Sexismus und Diskriminierung ist Grundvoraussetzung für ein respektvolles, gleichberechtigtes und gewaltpräventives Schulklima (vgl. Palzkill 2019: 27).

Doch auch bei weniger eskalierenden Situationen wie beim Kokettieren, bei Verliebtheit oder bei persönlichen Fragen sind die Reaktionen der Lehrperson für den Lernprozess der Schüler:innen relevant. Der Umstand, dass in einem Schulsetting oft viele Jugendliche die Situation mitbeobachten, macht pädagogisch professionelles Handeln nicht nur schwieriger, sondern auch wichtiger: Lehrer:innen sind wichtige Beispiele, von und mit denen Schüler:innen lernen können, z.B. ihre eigenen Grenzen zu wahren, Sexismus zu erkennen oder gegen Diskriminierung einzuschreiten. Auch hier sehen wir einen pädagogischen Sensibilisierungs- und Empowermentauftrag in Hinblick auf die Lebenswelt der Schüler:innen.[9] Leider erfahren viele Jugendliche, vor allem Mädchen, im öffentlichen Raum inakzeptable, unangenehme sexualisierte Übergriffe. Ziehen wir als Pädagog:innen bei unangenehmen Situationen ganz klar eine Grenze und stehen für unsere eigene Wahrnehmung ein, geben wir dadurch Beobachter:innen nicht nur Denkanstöße, sondern ganz explizit Handlungsvorschläge mit auf den Weg und senden auch ein klares Signal an (potentiell) grenzverletzende Schüler:innen.

Laut Marion Thuswald können wir als Lehrer:innen nicht nicht-sexualpädagogisch agieren. Wenn wir oben beschriebene Situationen negieren oder verweigern, dann ist auch das eine explizite Botschaft an Schüler:innen: Wir verweigern ihnen damit möglicherweise Unterstützung für ihre Lern- und Bildungsprozesse (vgl. Thuswald 2021: 66).[10]

3.2. Wie vorbereiten?

Der wichtigste Schritt zur pädagogischen Professionalisierung in Bezug auf sexualisierte Grenzüberschreitungen ist die Enttabuisierung von Sexualität und sexualisierter Gewalt im Allgemeinen sowie Anziehung und erotisierte Interaktionen zwischen Lehrer:innen und Schüler:innen im Besonderen. Jede (junge) Lehrperson muss wissen, dass sie mit sexualisierten Adressierungen konfrontiert sein kann, die als Teil jugendlichen Erprobungshandelns verstanden werden können, welches aber möglicherweise – so wie die gesellschaftlichen Verhältnisse – von Sexismus, Misogynie[11] und Queerfeindlichkeit durchzogen ist. Ebenso ist wichtig zu erkennen, dass die Lehrperson nicht Schuld trägt etc., wenn sie derartige Grenzüberschreitungen erlebt.

9 An dieser Stelle verweisen wir weiter auf die Arbeit von Katharina Debus (2021).

10 In diesem Zusammenhang verweisen wir auf das Unterrichtsprinzip Sexualpädagogik, nachzulesen unter: https://www.bmbwf.gv.at/Themen/schule/schulpraxis/prinz/sexualpaedagogik.html (Zugriff: 21.7.2023).

11 Misogynie, Frauenhass, Frauenfeindlichkeit, umgangssprachliche Bezeichnung für extreme Abneigung von Männern gegenüber Frauen (Lexikon der Psychologie 2023).

Es scheint uns an der Zeit zu sein, dass Pädagog:innen im Zuge ihrer Ausbildung und auch danach, wenn sie bereits im Schulsetting tätig sind, befähigt werden, sexuelle Adressierungen, Grenzüberschreitungen und sexualisierte Gewalt gegen ihre Person in ihren vielfältigen Formen zu analysieren, zu durchschauen und Handlungsstrategien dagegen zu kennen und zu entwickeln. Dies ist in der Schule in erster Linie im Austausch mit anderen – vielleicht auch bereits erfahreneren – Lehrer:innen möglich (vgl. Palzkill/Pohl/Scheffel 2020: 61).

Neutralisierungsstrategien erkennen

Wenn Pädagog:innen von Grenzüberschreitungen betroffen sind, vertrauen sie sich meist Kolleg:innen an, die sie als Vertrauenspersonen einschätzen. Leider sind die kollegialen Rückmeldungen nicht immer nur hilfreich, oft werden betroffene Lehrpersonen mit sogenannten »Neutralisierungsstrategien« konfrontiert (vgl. Palzkill 2019: 26). In Folge einer sexistischen Schulkultur führt das offene Reden mit Kolleg:innen über Grenzüberschreitungen und Übergriffe nicht immer zu Unterstützung: »Sie [Lehrerinnen] müssen vielmehr häufig zu Recht fürchten, erneut in ihrer persönlichen Integrität verletzt zu werden oder sich Zweifeln an ihrer professionellen Kompetenz auszusetzen, wenn sie Übergriffe von Schüler*innen offenlegen.« (Palzkill 2019: 26) Durch Aussagen wie ›Daran musst du dich gewöhnen.‹ oder ›Zeig denen einfach, dass es dich nicht trifft.‹ wird suggeriert, dass die Aussagen der Schüler:innen auf ein unprofessionelles Verhalten der Lehrer:in zurückzuführen und die eigene Wahrnehmung der unangenehmen Gefühle, die diesem Umstand zugrunde liegen, nicht legitim seien (vgl. Retkowski 2021: 261). Gleichzeitig werden sexistische Übergriffe von Schüler:innen verharmlost – ›Boys will be boys‹ –, was übergriffiges Verhalten als ›normal‹ bewertet und eine sexistische Grundhaltung in Lehrer:innen-Kollegien widerspiegelt. Oft wird von Kolleg:innen auch empfohlen, diese sexuell-erotischen Adressierungen zu ignorieren, was dazu beitragen würde, sexuell diskriminierendes Verhalten zu normalisieren (vgl. Retkowski 2021: 261).

Laut Palzkill zeigen sich Neutralisierungsstrategien wie folgt:

- »Bagatellisieren: ›Wir haben wichtigere Probleme.‹
- Schuldzuweisung an die Opfer: ›Wie kann sie sich das gefallen lassen?‹
- Normalisieren: ›Dieses Verhalten gehört zu diesem Alter.‹
- Abwertung und Isolation derer, die Gewalt benennen: ›Kollegin X regt sich aber auch schnell auf.‹« (Palzkill 2019: 27)

Unprofessionelle kollegiale Ratschläge zielen oft darauf ab, die Asymmetrie im pädagogischen Verhältnis wiederherzustellen (›Zeig denen, wo es lang geht‹). Es werden dabei Reaktionen empfohlen, die eher dem Verhalten in einer jugendlichen Peer-Group entsprechen (›Hau einfach selbst einen dummen Spruch raus!‹), was weder der Rolle einer Lehrperson entspricht noch die angestrebte Asymmetrie wiederherstellen kann. Außerdem ermöglichen derartige Reaktionen keine pädagogische Bearbeitung (vgl. Retkowski, 2021: 261). Wenn sich die betroffene Lehrperson dann in den Situationen unverstanden fühlt oder das Gefühl hat, diese Ratschläge nicht umsetzen zu können, führt das zu einer Vereinzelung der Lehrperson und der Wahrnehmung, anders als die anderen Kolleg:innen zu sein (vgl. Retkowski 2021: 261–262).

Professionalisierung und Organisationsentwicklung zusammendenken

Es ist an dieser Stelle wichtig, darauf hinzuweisen, dass neben individuellen Professionalisierungsprozessen auch komplexe Organisationsentwicklungsprozesse notwendig sind, denn Schule als System hat eine entsprechende Verantwortung. In einem professionellen schulischen Umfeld sollte es gemeinsame Übereinkunft geben, gegen sexualisierte und sexistische Grenzüberschreitungen sowie Diskriminierung aufzutreten — sowohl gegenüber Schüler:innen wie auch gegenüber Lehrpersonen und allen anderen Personen an der Schule. Hilfreich ist es, solche Werte und Haltungen etwa im Schulprofil oder der Schulordnung festzuhalten. In Schutzkonzepten können konkrete Vereinbarungen und Leitlinien festgelegt werden, an denen sich die Lehrpersonen orientieren können (vgl. Selbstlaut 2020). Antidiskriminierungsarbeit ist dabei als ein wichtiger Aspekt der strukturellen Prävention von sexualisierten Übergriffen zu denken. Außerdem sollten Fragen zu Nähe und Distanz und der Umgang mit sexualisiertem Verhalten gemeinsam reflektiert werden. Es braucht also eine offene Kommunikationsstruktur sowie im Alltag etablierte Formen der Reflexion innerhalb des Kollegiums hinsichtlich der Themen Vertrauen, Vertraulichkeit, Grenzachtung und dem Ausdruck von Gefühlen.

Bei Grenzüberschreitungen ist es demnach erforderlich, dass auch im Kollegium, in der Schüler:innenschaft und seitens der Schulleitung interveniert wird (vgl. Retkowski 2021: 262–266). Für Lehrer:innen gilt dabei der Dienstweg. Jede verdächtige Beobachtung — ob erlittene Übergriffe oder eine entsprechende Wahrnehmung — ist zunächst den unmittelbar Vorgesetzten, also den Schulleiter:innen zu melden. Diese sind verpflichtet, alle weiteren notwendigen Schritte (etwa Kontakte zu schulpsychologischen Stellen, zur Schulaufsicht, allenfalls zur Polizei usw.) zu veranlassen. Eine Fürsorgepflicht besteht im gesamten Schulsystem jeweils entsprechend der Hierarchie von den höheren zu den untergeordneten Stellen.

3.3. Wie handlungsfähig bleiben/werden?

Bei Grenzüberschreitungen fühlen sich Lehrkräfte oft überrumpelt und ohnmächtig. Im ersten Schritt ist es notwendig, die Situation zu analysieren, wo möglich wieder zu kontrollieren, um wieder Macht im Handlungsspielraum zu gewinnen. Dazu bedarf es der Orientierung in und genauen Beleuchtung der Situation. Dies gilt insbesondere bei sexistischen Übergriffen: »Wer professionell mit sexualisierter Gewalt umgehen will, muss sie zunächst überhaupt als solche wahrnehmen und identifizieren sowie ihre Funktion verstehen.« (Palzkill 2019: 26) Sexistische Strategien haben zum Ziel, die heteronormative Geschlechterordnung (wieder-)herzustellen und werden daher dann verstärkt eingesetzt, wenn diese brüchig wird (vgl. Palzkill 2019: 26).

Gefühle der Verunsicherung und des Autonomie- oder Kontrollverlustes sind im Falle von sexualisierten Grenzüberschreitungen nicht ungewöhnlich. Es entspricht professionellem Verhalten, diese Gefühle zu reflektieren und zu benennen, denn dies bietet eine gute und hilfreiche Grundlage für die weitere Bearbeitung (vgl. Retkowski 2021: 260). »Je mehr die (eigenen) Empfindungen und Projektionen wahrgenommen und bearbeitet werden, desto eher ist es auch möglich, einen angemessenen Umgang mit den Dynamiken in der pädagogischen Beziehung zu finden bzw. Unterstützung zu suchen«, argumentiert Marion Thuswald (Thuswald 2022: 417).

Trotz der Verunsicherung und der Scham, die bei Grenzüberschreitungen auftreten (können), ist die Reflexion im Austausch mit vertrauenswürdigen Kolleg:innen sehr hilfreich. Hier heben wir die Rolle der Mentor:innen als besonders wichtig hervor: Als erste Ansprechpersonen für Berufseinsteiger:innen können sie sowohl Sicherheit als auch Unterstützung im gemeinsamen Reflexionsraum bieten.
Da sie in der Lehrer:innenrolle schon über Erfahrung verfügen, sprechen die Mentor:innen mit anderer Distanz über

Situationen und können den Reflexionsprozess der Berufseinsteiger:innen professionell begleiten. Denn sie kennen die jeweilige Schulkultur und den an der Schule üblichen Umgang mit Nähe und Distanz. Im besten Fall sind also die Mentor:innen Vertrauenspersonen, die zur Professionalisierung ihrer Kolleg:innen beitragen.

Ob eine pädagogische Intervention angebracht ist, und wenn ja, welche, kann nur zielführend überlegt werden, wenn die Situation richtig eingeordnet werden kann: Handelt es sich um ein Kokettieren, um ein Ausloten von Grenzen, oder ist von einem sexistischen Übergriff zu sprechen? Es empfiehlt sich, die oben differenzierten Kategorien als Orientierungshilfe heranzuziehen. Die Grenzen der Kategorien sind nicht statisch, sondern interpretativ variabel. Dennoch kann der Austausch mit Kolleg:innen, denen man vertraut, für Reflexion, Einordnung und (wenn nötig) Vorbereitung sowie Durchführung einer Intervention hilfreich sein.

Pädagogische Interventionen müssen nicht immer zeitaufwendige und ausführlich geplante Aktionen sein, schon ein klares Statement kann pädagogisch sehr wertvoll sein. Gelingt das spontan in der Situation, kann dies besonders wirksam sein. Gelingt das jedoch nicht, muss dies auf keinen Fall zu Frustrationen führen, sondern kann als Einladung an sich selbst wahrgenommen werden, sich dieser Thematik zu widmen und die entsprechende Intervention nachzureichen. In den allermeisten Fällen ist es leicht möglich, die pädagogische Intervention auf einen späteren Zeitpunkt zu verschieben: Die Lehrperson formuliert z.B., dass eine Grenze überschritten wurde und dass sie diese Situation zu einem späteren Zeitpunkt besprechen möchte. So gewinnt sie Zeit, um sich zu orientieren, zu analysieren und sich mit Kolleg:innen zu beraten. Außerdem kann die Intervention so (falls gewollt) auch vom Klassenverband weg auf ein Vier-Augen-Gespräch verlagert werden.

Retkowski (2021: 260) schlägt vor, professionelle Intervention so zu gestalten, dass sie den:die Schüler:in nicht beschämen. Die Intervention kann dabei mehrere Funktionen erfüllen:

- Sie macht sichtbar, dass es sich um sexuell-erotisches Verhalten handelt, dieses wahrgenommen wird und als legitimes Bedürfnis der Schüler:innen geachtet ist.
- Sie bildet ab, dass man im Wissens- oder Beratungsfall als Ansprechperson zur Verfügung steht.
- Die pädagogische Intervention verdeutlicht, dass eine Grenze überschritten wurde, weil eine Lehrperson keine passende Ansprechperson für erotisch-sexuelle Äußerungen ist und die Unterrichtssituation keinen adäquaten Rahmen hierfür darstellt.
- Die Lehrperson agiert als Vorbild für ihre Schüler:innen, wenn sie z.B. bestimmt gegen Sexismus auftritt (vgl. 260ff.).

4. Fallbeispiele: Kategorisierungen an Fallbeispielen erproben

Da sexuelle Grenzüberschreitungen sehr vielgestaltig sein können, kann keine allgemeine, konkrete Handlungsempfehlung gegeben werden: Es gibt nicht ›eine richtige Antwort‹ für jede Situation. Dafür ist die Schüler:innen-Lehrer:innen-Beziehung zu einzigartig, spezifisch und facettenreich, und daher erweist sich für jede Lehrperson eine andere Intervention als authentisch durchführbar und zielführend.

Der Umgang mit sexualisierten Adressierungen ist ja auch für Erwachsene (unter Erwachsenen) ein schwieriges Feld, die Themen Geschlecht, Sexualität, Liebes- und Beziehungsformen sind oft auch jenseits von Schule herausfordernd und lassen Fragen offen oder werfen sogar noch mehr Fragen auf. Lehrer:innen sind hier keine Ausnahme der gesellschaftlichen Lage, daher wäre es auch vermessen, von Lehrer:innen stets angemessene Antworten und Aktionen zu erwarten.

Vielleicht können die nun folgenden gesammelten Fallbeispiele und die angeführten möglichen Handlungsoptionen eine Orientierungshilfe bieten. In manchen Fällen sind die angeführten Antworten tatsächlich von den adressierten Kolleg:innen so gegeben worden, in anderen wurden sie im Nachhinein als mögliche Antworten verfasst.

Fallbeispiel 1

Die Mathematiklehrerin (54 Jahre) betritt die Klasse, ein Schüler (13 Jahre) blättert im Atlas: »Eine Stadt in Kasachstan heißt Oral. Das heißt doch aber auch etwas anderes, oder?«

Lehrerin: »Ja genau, oral heißt mündlich. Eine orale Prüfung ist eine mündliche Prüfung, die orale Phase bei Kindern ist die, wo sie alles in den Mund stecken.«

Anderer Schüler (13 Jahre): »Aber es gibt doch auch Oralsex, oder?« Lehrerin: »Ja, den gibt es auch.«

Schülerin (13 Jahre): »Und, Frau Professor, mögen Sie das?«

Deutung der Situation

Die beschriebene Situation ist zunächst typisch für die Thematisierung von sexuellen Inhalten. Das Erprobungsverhalten, sich vor der Klasse solche Dinge aussprechen zu trauen und Interesse daran zu bekunden, kommt vor allem bei Unterstufenschüler:innen häufig vor. Es ist eine Einladung an die Lehrperson, Stellung zu beziehen und daher für die Schüler:innen besonders spannend. Jede:r Lehrer:in entscheidet selbst, wie weit sie:er sich in solche Gespräche verwickeln lässt. Im Fallbeispiel ändert sich die Situation mit der Frage der Schülerin: »Und, Frau Professor, mögen Sie das?«.

Die Schülerin stellt also eine eindeutig (und absichtlich) zu persönliche Frage. Hier geht es also nicht mehr um die Frage (oder deren Beantwortung) an sich, sondern um die Klärung einer Grenze. Die Schülerin scheint herausfinden zu wollen, wie nahe sie ihrer Lehrerin kommen darf.

Wie weit sich Lehrer:innen auf dieses Gespräch einlassen, ist stark von der:dem Lehrer:in und der Beziehung zu den Schüler:innen abhängig. In jedem Fall ist es wichtig, sich der eigenen Grenzen bewusst zu sein und sie, wenn nötig, auch klar zu verbalisieren. Wird ein Gespräch aufgenommen, dann können die Themen allgemein angesprochen werden. So wird jenen Fragen, die sich auf die eigene Intimsphäre beziehen, gar nicht erst Raum geboten.

Mögliche Handlungsoptionen

- »Das ist persönlich, das möchte ich mit euch nicht besprechen.«
- »Diese Frage ist in einem Gespräch zwischen Schüler:in und Lehrer:in nicht angemessen. Ich möchte, dass du meine Grenzen respektierst.«
- »Wenn ihr euch für das Thema Oralsex sehr interessiert, kann ich mit eurem Biologielehrer / eurer Biologielehrerin darüber sprechen, ob er / sie es im Unterricht aufgreifen kann. Hier im Mathematikunterricht passt es gerade nicht gut zum Thema.«
- »Was man im Zusammenhang mit Sex mag oder nicht, darf jede und jeder für sich selbst bestimmen, und man muss es mit niemandem besprechen, der / die nicht direkt daran beteiligt ist.«

Die Reaktion und der Aktionsraum der Lehrperson hängt stark von der Einordnung des Fallbeispiels ab. Obiges Beispiel kann auch als erotisch aufgeladene Interaktion interpretiert werden, wenn diese zwischen Schüler:in und Lehrer:in üblich ist. Auch dann sollten die Grenzen deutlich verbalisiert werden. Wird von der Lehrperson diese Frage aufgrund einer angespannten Lehrer:innen-Schüler:innen-Beziehung als Adressierung mit Beschämungsintention empfunden, muss deutlich interveniert werden (siehe Fallbeispiel 3).

Fallbeispiel 2

Gespräch im Unterricht vor der ganzen Klasse:

Schülerin (13 Jahre): »Der Typ auf dem Bild im Schulbuch gefällt mir nicht, ich steh auf ältere Männer.«

Klassenkollegin: »Wissen wir, auf den Professor XY.«

Schülerin: »Ja, das wissen eh alle! Ich liebe den Herrn Professor XY so sehr, es ist nicht zum Aushalten. Frau Professor, ist er verheiratet? Können Sie mir das sagen? Was soll ich nur tun?«

Deutung der Situation

Solange die Verliebtheit der Schülerin oder des Schülers nicht zu offensichtlich wird und es den Unterricht nicht beeinflusst, kann es eine sinnvolle Umgangsweise damit sein, diese Verliebtheit nicht zu thematisieren. Wenn die Verliebtheit aber so einen Geständnischarakter aufweist wie im obigen Beispiel oder durch einen Liebesbrief kommuniziert wird, beeinflusst dies deutlich den Unterricht. In obigem Fall weiß nicht nur der Lehrer selbst Bescheid, sondern auch alle Schüler:innen des Jahrgangs und ihre Lehrer:innen.

Mögliche Handlungsoptionen

- Wird die Situation von Lehrpersonen oder auch von der:dem Schüler:in als zu belastend wahrgenommen, dann sollte eine pädagogische Intervention gesetzt werden. In solchen Fällen ist es ratsam, der Schülerin oder dem Schüler auf eine nicht beschämende, respektvolle Art unmissverständlich zu verdeutlichen, dass diese Gefühle nicht in eine Lehrer:innen-Schüler:innen Beziehung passen. Das kann durch den Lehrer, der ›begehrt‹ wird, etwa so formuliert werden: »Es ist ganz wichtig, dass du verstehst, dass solche Gefühle zwischen Lehrer:in und Schüler:in nicht passend sind. Du bist mein Schüler / meine Schülerin, diese Aktionen / Gesten sind unangebracht.«

- Als Lehrperson, die davon weiß und nicht selbst adressiert ist, könnte so eine Kommunikation hilfreich sein: »Ich kann verstehen, dass sich diese Verliebtheit für dich intensiv und schmerzhaft anfühlt. Ich möchte dir aber raten, deine Gefühle weder gegenüber Professor XY noch gegenüber der Klasse sichtbar zu machen. Suche dir dafür eine Vertrauensperson und trauere für dich darum, dass daraus nie etwas werden wird, glaub mir, es geht vorbei, auch wenn es sich jetzt nicht so anfühlt.«
- Es kann situativ auch sinnvoll sein, dieses Gespräch vom Klassenvorstand oder von der Klassenvorständin bzw. einer:m Vertrauenslehrer:in führen zu lassen, da diese oft eine solide Vertrauensbasis zu ihren Schüler:innen haben.

Wenn sich Schüler:innen der Oberstufe in Lehrer:innen verlieben, kommen noch herausforderndere Anlässe dazu: Schulbälle und Abschlussfeiern provozieren manchmal schwierige Situationen, weil die Matura (Abitur) und damit das Ende der Lehrer:innen-Schüler:innen-Beziehung im Raum steht. Da meist zu diesem Zeitpunkt so eine Verliebtheit schon kommuniziert ist, ist es leichter, sich darauf vorzubereiten.

Fallbeispiel 3

Eine junge Sportlehrerin (25 Jahre) muss für einen Kollegen einspringen und unterrichtet daher allein den koedukativen Sportunterricht in einer siebten Klasse AHS. Ein Schüler (17 Jahre) bleibt stehen, nachdem die Mannschaften eingeteilt wurden.

Lehrerin: »Kannst du bitte in dein Volleyball-Team gehen?«

Schüler (17 Jahre): »Und können Sie mir einen blasen?«

Deutung der Situation

Diese Situation ist so interpretierbar, dass der Jugendliche die junge Lehrerin nicht als Ersatz für seinen männlichen Trainer akzeptiert und ihr deutlich macht, dass er sich als Mann von ihr nichts sagen lässt. Es handelt sich hier also um eine sexuelle Adressierung, die einerseits eine Beschämung darstellt und andererseits von einem Hierarchiedilemma geprägt ist. Es geht also um Macht und Hierarchie.

Besonders im Fall von Beschämungen und sexistischen Übergriffen fühlen sich Lehrer:innen bloßgestellt und überfordert. Genau in diesen Situationen ist eine Intervention unverzichtbar. Laut Palzkill sollen dann die Strategien für die Lehrer:innen kraftsparend sein und sie sollen nachhaltig wirken. Mit den Interventionen gegen diese Übergriffe kann bewusst einer Geschlechterhierarchie entgegengewirkt werden, indem ihre Wirkungen sichtbar werden bzw. gemacht werden. Im besten Fall soll sich durch die Intervention eine wertschätzende Beziehung zwischen Lehrer:in und Schüler:in einstellen (vgl. Palzkill 2019: 25–26).

Indem hier bewusst agiert und interveniert wird, kann ein Klima des »Respekts und der Achtsamkeit« gefördert werden, das für eine gendergerechte Schule unabdingbar ist. Dies wird durch eine Reaktion erreicht, die

SCHULE

- »die Angriffe gegen die Integrität der Lehrerin klar zurückweist und gegebenenfalls sanktioniert,
- auf der Anerkennung der Beziehung von Lehrerin und Schüler als Lehr-Lern-Verhältnis besteht,
- den Zwang zur Überlegenheit, dem Jungen in unserer Kultur ausgesetzt sind, abschwächt und nicht verstärkt und
- Schüler in ihrer persönlichen Integrität nicht abwertet.« (Palzkill 2019: 26)

Solche Reaktionen sind für Lehrer:innen dann am ehesten möglich, wenn sie Unterstützung von Kollegium und Schulumfeld erhalten sowie durch Supervision und Fortbildungen gestärkt werden. Denn für Lehrer:innen wird es fast unmöglich, Angriffe auf ihre Integrität zurückzuweisen, wenn sie nicht vom Kollegium unterstützt werden (vgl. Palzkill 2019: 26).

Mögliche Handlungsoptionen

- »Deine Aussage ist beschämend/sexistisch und wird hier nicht geduldet. Du hast eine Grenze überschritten und ich erwarte eine angemessene Entschuldigung.«
- »Wir werden auch in Zukunft im Unterricht miteinander arbeiten müssen und dazu erwarte ich mir einen angemessenen und respektvollen Umgang.«
- »Stopp, es reicht! Solche Kommentare werden hier nicht geduldet. Dieses Verhalten ist sexistisch und diskriminierend und hat Konsequenzen. Wir sprechen uns nach dem Unterricht / wir besprechen das in der Direktion.«

Durch diese Interventionen können Schüler:innen lernen, was gesellschaftlich akzeptiert wird und was nicht, und die Lehrerin gibt damit ein Beispiel, wie die eigenen Grenzen gewahrt werden können und wie auf vergleichbare Übergriffe reagiert werden kann.

5. Beratungsmöglichkeiten

Bei massiv übergriffigen Situationen, sexueller Gewalt oder Überforderung sollte unbedingt auf professionelle Anlaufstellen zurückgegriffen werden. Auf manche (zum Glück seltene) Situationen im Schulalltag können sich Lehrpersonen nicht entsprechend vorbereiten, sie überschreiten auch den pädagogischen Handlungsspielraum und erfordern therapeutisches Handeln. Auch das Anerkennen der eigenen Grenzen als Pädagog:in ist ein Teil des professionellen Handelns.

Anlaufstellen

Bildungsdirektion Wien – Hotline bei Konflikten im Klassenzimmer
https://www.bildung-wien.gv.at/service/beratungsservice/Hotline-bei-Konflikten-im-Klassenzimmer.html

Servicestelle für Gesundheitsförderung an Österreichs Schulen (Initiative von BMBWF, BMSGPK, ÖJRK) **LehrerInnenberatungszentrum**
https://www.give.or.at/organisation/lehrerinnenberatungszentrum-lbz/
Individuelle Beratung und Unterstützung, Supervision, Coaching

Hier einige weitere Anlaufstellen außerhalb des Schulsystems:

Arbeiterkammer
Telefonberatung **Act4Respect** bei sexueller Belästigung
https://www.arbeiterkammer.at/sexuelle-belaestigung

Gleichbehandlungsbeauftragte der Stadt Wien – post@gbb.wien.gv.at

Gleichbehandlungsanwaltschaft
https://www.gleichbehandlungsanwaltschaft.gv.at/
Adressen der jeweiligen **Landesstellen der Gleichbehandlungsanwaltschaft** unter: https://www.gleichbehandlungsanwaltschaft.gv.at/ueber-die-website/kontakt.html

Liste weiterer Anlaufstellen unter
https://www.sexuellegewalt.at/hilfe-bekommen/weitere-anlaufstellen-bei-sexueller-gewalt/bundesweite-anlaufstellen/

Literaturverzeichnis

Agnostini, Evi / **Köffler**, Nadja Maria (2017): Tabus im und über den Lehrberuf – Adorno revisited! In: Erziehung & Unterricht. Österreichische pädagogische Zeitschrift, Heft 1–2/2017, S. 7–15.

Blumenthal, Sara-Friederike (2014): Scham in der schulischen Sexualaufklärung. Eine pädagogische Ethnographie des Gymnasialunterrichts. Wiesbaden: Springer Fachmedien, S. 151–157.

Bundeskanzleramt (2023): Leitfaden Kinderschutzkonzept. Online unter: https://www.bundeskanzleramt.gv.at/agenda/jugend/bundesjugendfoerderung/bundes-jugendfoerderung-kinderschutz.html [Zugriff 13. 12. 2023].

Bundesministerium für Bildung, Wissenschaft und Forschung (2023): Presse. Online unter: https://www.bmbwf.gv.at/Ministerium/Presse/20230920.html [Zugriff 17. 12. 2023].

Burman, Michele / **Lovett**, Jo / **Kelly**, Liz (2009): Different systems, similar outcomes? Tracking attrition in reported rape cases in eleven countries. Online unter: https://www.researchgate.net/publication/228847968_Different_systems_similar_outcomes_Tracking_attrition_in_reported_rape_cases_in_eleven_countries [Zugriff 17. 12. 2023].

Debus, Katharina (2012): Und die Mädchen? Modernisierung von Weiblichkeitsanforderungen. In: Dissens e.v. & Debus, Katharina / Könnecke, Bernard / Schwerma, Klaus / Stuve, Olaf (Hg.): Geschlechterreflektierte Arbeit mit Jungen an der Schule. Texte zu Pädagogik und Fortbildung rund um Jungen, Geschlecht und Bildung. Berlin, S. 103–124. Online unter: https://www.dissens.de/fileadmin/dissens_home/Materialien/1%20Geschlechterverh%C3%A4ltnisse/1%20B%C3%BCcher%20%26%20Brosch%C3%BCren/dissens_e._v._geschlechterreflektierte_arbeit_mit_jungen_an_der_schule.pdf [Zugriff: 31. 1. 2024].

European Union Agency for fundamental rights (2015): Gewalt gegen Frauen: eine EU-weite Erhebung. Ergebnisse auf einen Blick. Online unter: https://fra.europa.eu/sites/default/files/fra_uploads/fra-2014-vaw-survey-at-a-glance-oct14_de.pdf [Zugriff 17.12.2023].

Freund, Ulli (2021): Sexuelle Übergriffe unter Kindern. Eine Herausforderung für den Schulalltag. In: Thuswald, Marion / Sattler, Elisabeth (Hg.): Sexualität, Körperlichkeit und Intimität. Pädagogische Herausforderungen und professionelle Handlungsspielräume in der Schule. Bielefeld: transcript, S. 241–251.

Helsper, Werner (2012): Die Antinomie von Nähe und Distanz in unterschiedlichen Schulkulturen. Strukturelle Bestimmungen und empirische Einblicke. In: Nerowski, Christian / Hascher, Tina / Lunkenbein, Martin / Sauer, Daniela (Hg.): Professionalität im Umgang mit Spannungsfeldern der Pädagogik. Kempten: Klinkhard, S. 27–46.

Helsper, Werner / **Reh**, Sabine (2012): Nähe, Diffusität und Asymmetrie in pädagogischen Interaktionen. Herausforderung pädagogischer Professionalität und Möglichkeitsräume sexualisierter Gewalt in der Schule. In: Thole, Werner / Baader, Meike / Helsper, Werner / Kappeler, Manfred / Leuzinger-Bohleber, Marianne / Reh, Sabine / Sielert, Uwe / Thompson, Christiane (Hg.): Sexualisierte Gewalt, Macht und Pädagogik. Opladen, Berlin & Toronto: Verlag Barbara Budrich, S. 265–290.

Informations- und Dokumentationszentrum für Antirassismusarbeit (2023) Online unter: https://www.idaev.de/recherchetools/glossar [Zugriff 3.12.2023].

Lexikon der Psychologie (2023): Spektrum. Online unter: https://www.spektrum.de/lexikon/psychologie/misogynie/9791 [Zugriff 17.12.2023].

Maschke, Sabine / **Stecher**, Ludwig (2018). Sexuelle Gewalt: Erfahrungen Jugendlicher heute. Weinheim: Beltz Juventa.

Palzkill, Birgit (2019): Sexualisierte Gewalt: Lehrerinnen schützen! Gemeinsam handeln gegen Übergriffe von Schüler*innen. In: Die Zeitschrift der Bildungsgewerkschaft, Heft 3-2019, S. 26–27, Online unter: https://www.

nds-zeitschrift.de/nds-3-2019/sexualisierte-gewalt-lehrerinnen-schuetzen [Zugriff 21. 3. 2023].

Palzkill, Birgit (2020): Gegen sexualisierte Gewalt in der Schule. In: Cornelsen Magazin. Online unter: https://www.cornelsen.de/magazin/beitraege/sexualisierte-gewalt-in-der-schule [Zugriff 17. 12. 2023].

Palzkill, Birgit / **Pohl**, Frank G. / **Scheffel**, Heidi (2020): Diversität im Klassenzimmer. Geschlechtliche und sexuelle Vielfalt in Schule und Unterricht. 2. Druck 2021. Berlin: Cornelsen Verlag.

Pritz, Anna / **Sattler**, Elisabeth / **Thuswald**, Marion (2021): Zu intim? Eine Gesprächsrunde mit Lehrer:innen zu Fragen rund um Sexualität, Beziehungen und Intimität in Unterricht und Schulalltag. In: Thuswald, Marion / Sattler Elisabeth (Hg.): Sexualität, Körperlichkeit und Intimität. Pädagogische Herausforderungen und professionelle Handlungsspielräume in der Schule. Bielefeld: transcript, S. 51–67.

Rat auf Draht (2023): Was wird Schülerinnen geraten, die sich verlieben? Online unter: https://www.rataufdraht.at/themenubersicht/liebe/verliebt-in-meine-n-lehrer-in#:~:text=Eine%20Beziehung%20ist%20gesetzlich%20verboten,geschweige%20denn%20Geschlechtsverkehr%2C%20sind%20erlaubt [Zugriff 21. 3. 2023].

Retkowski, Alexandra (2021): Nähe in pädagogischen Beziehungen gestalten. Von der Notwendigkeit eines integrierten Prozesses von Professionalisierungsstrategien und Organisationsentwicklung für Schulen. In: Thuswald, Marion / Sattler Elisabeth (Hg.): Sexualität, Körperlichkeit und Intimität. Pädagogische Herausforderungen und professionelle Handlungsspielräume in der Schule. Bielefeld: transcript Verlag, S. 257–267.

Newman, Sandra (2017): What kind of person makes false rape accusations? Online unter: https://qz.com/980766/the-truth-about-false-rape-accusations [Zugriff 17. 12. 2023].

Selbstlaut – Fachstelle gegen sexualisierte Gewalt an Kindern und Jugendlichen (Hg.) (2020): Achtsame Schule. Leitfaden zur strukturellen Prävention von sexueller Gewalt. Wien. Online unter: https://selbstlaut.org/wp-content/uploads/Selbstlaut-Leitfaden-2020_korr_20210205.pdf [Zugriff: 31.1.2024].

Stube, Olaf / **Debus**, Katharina (2012): Männlichkeitsanforderungen. Impulse kritischer Männlichkeitstheorie für eine geschlechterreflektierte Pädagogik mit Jungen. In: Dissens e.v. & Debus, Katharina / Könnecke, Bernard / Schwerma, Klaus / Stuve, Olaf (Hg.): Geschlechterreflektierte Arbeit mit Jungen an der Schule. Texte zu Pädagogik und Fortbildung rund um Jungen, Geschlecht und Bildung. Berlin, S. 43–60. Online unter: https://www.dissens.de/fileadmin/dissens_home/Materialien/1%20Geschlechterverh%C3%A4ltnisse/1%20B%C3%BCcher%20%26%20Brosch%C3%BCren/dissens_e._v._geschlechterreflektierte_arbeit_mit_jungen_an_der_schule.pdf [Zugriff: 31.1.2024].

Thuswald, Marion (2022): Sexuelle Bildung ermöglichen. Sprachlosigkeit, Lust, Verletzbarkeit und Emanzipation als Herausforderungen pädagogischer Professionalisierung. Bielefeld: transcript.

Urban, Maria (2019): Sexuelle Bildung und sexualisierte Gewalt in Schulen. Zwischen Anspruch und Wirklichkeit. Gießen: Psychosozial-Verlag. Online unter: https://www.nomos-elibrary.de/10.30820/9783837976380/sexuelle-bildung-und-sexualisierte-gewalt-in-schulen?page=1 [Zugriff 21.3.2023].

Wagner, Ingo / **Knoke**, Carolin (2022): Sexualisierte Grenzverletzungen durch Lehrkräfte im Sportunterricht. Eine retrospektive Interviewstudie. In: German Journal of Exercise and Sport Research, Jg. 52/4, S. 539–549. Online unter: https://doi.org/10.1007/s12662-022-00806-1 [Zugriff 21.3.2023].

Zeichen, Maria Christina (2009): Sexuelle Sozialisation von Mädchen und Jungen. Der Einsatz geeigneter Kinderbücher als pädagogischer Beitrag zur Sexualerziehung in der Grundschule, Diplomarbeit. Online unter: https://ubdocs.aau.at/open/hssvoll/AC07638882.pdf [Zugriff 1.3.2023].

Biografien

Margit Angerer unterrichtet Mathematik, Chemie und Naturwissenschaften am BG/BRG Rosasgasse in Wien. Sie arbeitet im Rahmen ihrer Mentorinnentätigkeit mit Lehramtsstudierenden der Uni Wien. Zudem forscht und publiziert sie zum Thema sexualisierte Grenzüberschreitungen von Schüler:innen gegenüber ihren Lehrer:innen. Im außerschulischen Bereich engagiert sie sich in der Naturschutzjugend (önj) und leitet einen von ihr konzipierten Ausbildungslehrgang für Jugendleiter:innen zur Naturerlebnispädagogik.

Sarah Fichtinger, Künstlerin und Studierende des künstlerischen Lehramts an der Akademie der bildenden Künste Wien, beschäftigt sich in ihrer Arbeit mit Fragen einer feministisch-materialistischen Perspektive auf Gesellschaft sowie der Überschneidungen von Kunst, Pädagogik, Politik, Aktivismus und Antikapitalismus. Sie bewegt sich transdisziplinär zwischen Film, Sound, textilen Gestaltungsformen und Illustration.

Melanie Hauzinger unterrichtet Englisch und Spanisch am BG/BRG Rosasgasse in Wien und ist dort auch aktuell Administratorin. Sie arbeitet im Rahmen ihrer Mentorinnentätigkeit mit Lehramtsstudierenden der Uni Wien. Sie forscht und publiziert zum Thema sexualisierte Grenzüberschreitungen von Schüler:innen gegenüber ihren Lehrer:innen.

Marion Thuswald, Sozialpädagogin und Bildungswissenschaftlerin, lehrt und forscht am bildungswissenschaftlichen Fachbereich des Instituts für das künstlerische Lehramt an der Akademie der bildenden Künste Wien. Sie arbeitet zu Sexueller Bildung und Kunstpädagogik, pädagogischer Professionalisierung und Critical Diversity sowie in künstlerisch-wissenschaftlichen partizipativen Forschungsprojekten. Publikationen unter: www.imaginingdesires.at.

Vorschau

Heft 6
Elke Krasny, Sophie Lingg, Helena Schmidt, Franziska Thurner

Didaktik des Digitalen in Kunst und Bildung. Handlungsräume für die Kunstvermittlung mit digitalen Medien am Beispiel von didae.eu

Das Heft nimmt die Online-Plattform didae.eu als Ausgangspunkt, um den Einsatz digitaler Medien in Lehre, Kunst und gestalterischer Praxis thematisch und diskursiv einzuordnen. Dabei beschreibt es Handlungsräume für den Gestaltungsunterricht mit digitalen Werkzeugen. DIDAE steht als Akronym für Digital Didactics in Art Education.

Heft 7
Tanja Obex und Eveline Christof

Pädagogisches Ethos. Ein bedeutsamer Aspekt des professionellen Handelns und der Professionalisierung von Lehrpersonen

Das Heft arbeitet pädagogisches Ethos als einen zentralen Aspekt im professionellen Handeln von Lehrpersonen heraus und fasst es als experimentelles Handeln von Lehrpersonen in antinomisch strukturierten pädagogischen (Krisen)Situationen. Ein Blick in die hochschulische Praxis zeigt, dass pädagogisches Ethos für Studierende erfahrbar und erlernbar sein kann.

EduArtMusic

In der Reihe *Per EduArt. Kunstpädagogische Materialien für Studium und Schule* bereits erschienen:

Heft 1
Elke Krasny, Sophie Lingg, Joonas Lahtinen, Johannes Köck
Wie Kunst für Zukunft unterrichten? Feministische Sorgeethik als Perspektive der Vermittlung in Zeiten planetarischer Katastrophe und digitaler Toxizität
2022

Heft 2
Andrea Dreyer
Kunstpädagogische Selbstvergewisserung professionell begleiten
2022

Heft 3
Juliane Keitel, Grit Oelschlegel
Argumentieren mit dem Praxisschock.
Einordnungen und Funktionen
2023

Heft 4
Luise Kollars, Hans Krameritsch, Anna Pritz
Benoten im künstlerisch-gestalterischen Unterricht der Sekundarstufe. Herausforderungen und Spielräume für (in Ausbildung befindliche) Lehrer:innen
2023

Impressum

Per Eduart. Kunstpädagogische Materialien für Studium und Schule
ISSN: 2751-5893 (Print); 2751-5907 (Open Access)
Herausgeberinnen: Grit Oelschlegel, Anna Pritz, Elisabeth Sattler
Heft 5, 2. Auflage
ISBN: 978-3-946320-54-8 (Print); 978-3-946320-49-4 (Open Access)
DOI: https://doi.org/10.21937/978-3-946320-49-4
Gestaltung: Martina Gaigg
Grafiken: Sarah Fichtinger

www.fabrico-verlag.de

Bibliografische Information der Deutschen Nationalbibliothek: Die Deutsche Nationalbibliothek verzeichnet diese Publikation in der Deutschen Nationalbibliografie; detaillierte bibliografische Daten sind im Internet über http://dnb.d-nb.de abrufbar.

Die Publikation wurde aus Mitteln der Akademie der bildenden Künste Wien finanziert.